Aprender a discutir mejor

SERGIO DE VOCHT

Aprende a discutir mejor

Claves psicológicas para manejar
con éxito los conflictos

Grijalbo

Papel certificado por el Forest Stewardship Council®

Penguin
Random House
Grupo Editorial

Primera edición: marzo de 2026

Printed in Spain – Impreso en España

ISBN: 978-84-253-7317-6
Depósito legal: B-21.633-2025

Compuesto en Compaginem Llibres, S. L.
Impreso en Gráficas 94 de Hermanos Molina, S. L.
Sant Quirze del Vallès (Barcelona)

GR 7 3 1 7 6

Dedicado a la humanidad, esa que aún puede dejar de temerse a sí misma y empezar a cuidarse. Porque solo en su conjunto puede abrir el espacio donde nuestros hijos comiencen a vivir el mundo que nosotros no supimos construir

Índice

INTRODUCCIÓN 11

DISCLAIMER 17

DISCUTIR 21

LAS BASES DEL CONFLICTO 27

Principales detonantes de las discusiones 41

    El entendimiento 43

    El valor 49

    El respeto 57

    La razón 63

    Juzgar, opinar y criticarse 69

    Las expectativas 77

    La confianza 81

    La responsabilidad 87

    La comunicación 93

    Conectar 99

    La empatía 107

    El sufrimiento 113

    El perdón 119

La reconciliación 125

El control 131

La aceptación 139

Las emociones. 145

Los límites. 151

La infidelidad 159

El sentimiento de injusticia 165

Promesas, sacrificios y prioridades. 173

El orgullo 179

La felicidad. 183

Sentir. 189

La sobrepsicologización de la vida. 201

La independencia emocional o la nueva forma de no
    necesitar a nadie 211

Epílogo. ¿Y ahora qué?. 217

Agradecimientos. 221

Introducción

Este libro tiene como propósito reinterpretar los conceptos clave que activan el modo amenaza en las discusiones, sobre todo en las relaciones de pareja, y cómo las palabras son detonantes emocionales, más que vehículos *neutrales* de comunicación.

Partiendo de ese marco, analizamos expresiones o conceptos que suelen aparecer en los conflictos y que activan emociones intensas, reforzadas culturalmente, y que por tanto deben ser reinterpretadas desde otro lugar. Algunas son trampas del lenguaje, otras son disparadores emocionales, y muchas son malentendidos estructurales con más carga de la que aparentan.

Para llegar a esa visión, debemos analizar la psicología de la interacción y el origen del conflicto. En las interacciones sociales que experimentamos desde la infancia hasta la vejez, en realidad no interactúa solo la identidad fija de cada persona, sino que cada una proyecta una imagen ideal y tiende a protegerla. Este juego de proyecciones identitarias que se protegen es el que provoca una perturbación en la interacción y, en consecuencia, un conflicto. Esto activa el modo peligro, la constante necesidad de defender la razón y la moral que sostienen la identidad. El señalamiento de una debilidad o de un error pone en peligro lo que sustenta la identidad, y la respuesta desde esa emoción provoca el secuestro del córtex prefrontal, que analiza mediante la moral, incapacitándolo para ese análisis objetivo que sería la mejor manera de afrontar el señalamiento. Al reaccionar desde la emoción, activamos en la otra persona otra emoción de peligro, básicamente porque reaccionamos desde lo primitivo, es decir, desde las emociones.

Todos somos víctimas de la emoción que nos provoca el otro. Entender esto es clave para poder comprender que, en definitiva, el origen de cualquier conflicto son las emociones. Si nos fijamos, en la actualidad, el mundo se mueve gracias a ellas.

A modo de introducción, presentamos de forma resumida los puntos clave que se irán abordando a lo largo del libro que tienes en las manos:

- **Las palabras no solo comunican, activan.** Funcionan como interruptores del sistema nervioso.
- Muchas discusiones no se producen por lo que se dice, sino por **cómo se interpreta al otro desde la emoción activada.**
- **Lo primitivo no es el enemigo.** Es información que se filtra desde lo biológico y lo aprendido, a la cual damos un sentido, una explicación y una simbología que nunca es absoluta.
- La cultura actual te exige expresar emociones, pero no te enseña a sostener las del otro. De ahí que muchos «actos de expresión emocional» se vivan como amenazas.
- El «yo ideal y normativo» o «yo vulnerable» está siempre en juego en cada frase. Por eso es tan fácil herir, incluso sin intención.
- **Hay que desmontar la idea de que «entender» es estar de acuerdo.** Entender es observar objetivamente la emoción del otro como lo

que es: una reacción biológica que provoca que el cerebro moderno dé una explicación mediante hipótesis adquiridas de lo que interpreta del exterior. Esa interpretación de lo externo está influenciada por un discurso sociocultural de cómo son y deberían ser las cosas.

• **La sobrepsicologización de la vida cotidiana.** Vivimos en una época en la que muchos aspectos de la vida cotidiana han sido psicologizados en exceso. Hay conceptos, etiquetas y afirmaciones —como «tienes un apego ansioso», «eso es tu ego», «seguro que es por un trauma» o «me estás haciendo *gaslighting*»— que se usan como diagnósticos definitivos. Estas ideas nos hacen creer que hemos encontrado la causa y la explicación de un pensamiento o un comportamiento, tanto propio como ajeno. Pero, en realidad, estas explicaciones son narrativas hipotéticas que simplifican lo complejo. Ignoran que, detrás de cada reacción humana, hay múltiples factores biológicos, emocionales, sociales y culturales que no suelen considerarse de forma integrada. **Cuando un individuo se identifica con una de estas etiquetas, se siente obligado a sostenerla como parte de su identidad.** Y, a partir de ahí, todo lo que hace o siente —y lo que le afecta de los demás— pasa a justificarse a través de esa narrativa. Muchas de las afirmaciones que adoptamos como verdades absolutas no son más que activaciones biológicas humanas normales que hemos interpretado a través del filtro cultural del momento. Sin embargo, terminan utilizándose como herramientas para negar al otro, para deslegitimar lo que siente, para categorizar su comportamiento como equivocado o patológico. Y eso nos aleja del entendimiento real del otro y de nuestra humanidad compartida.

• **El lenguaje como protección, no como entendimiento.** El lenguaje no nació para que nos entendiéramos, sino para protegernos. Al igual que sucede con la psicologización de nuestras experiencias —esas hipótesis con las que intentamos explicar por qué sentimos lo que sentimos—, el lenguaje se ha desarrollado como un sistema simbólico que funciona más para defender la identidad que para abrirnos al otro.

- **Las palabras que usamos no son neutras.** Son símbolos cargados emocionalmente, formados a partir de interpretaciones de lo que ocurre dentro de nuestro cuerpo y de lo que percibimos en el entorno. Y todo ello bajo la influencia de un contexto sociocultural que prioriza la autoprotección: proteger nuestra razón, nuestra imagen, nuestro yo. Decimos que las palabras «alivian» porque nombrar lo que nos pasa nos produce esa impresión. Pero lo que en realidad alivian es el miedo a no tener el control. Las palabras funcionan como pequeños diagnósticos improvisados que nos ayudan a sostener nuestra identidad. Son expresadas y escuchadas desde la defensa. Por eso muchas veces se activan emociones intensas, porque han sido creadas —o utilizadas— desde un lugar de alerta emocional, desde la sensación de que el otro o el entorno pueden representar un peligro. La mayoría de las palabras que usamos para hablar de nuestras emociones o conflictos no describen la experiencia vulnerable real, sino un intento forzado de adaptarnos, de traducir lo que sentimos a un lenguaje que fue diseñado para protegernos, no para contenernos.

Aún no existe una palabra que represente con total precisión lo que ocurre entre dos seres humanos cuando se vinculan desde la vulnerabilidad real. Por eso, en este libro, vamos a reinterpretar muchas de las palabras que usamos habitualmente, entendiendo que fueron creadas desde la necesidad de ocultar o disfrazar nuestra fragilidad. Y veremos qué pasa cuando nos permitimos mirarlas desde esa fragilidad, no desde la defensa.

No se trata solo de los términos en sí, sino de los **procesos humanos concretos a los que esas palabras hacen referencia:** momentos reales, interacciones cotidianas, gestos, silencios, reacciones y formas de vincularnos con el otro. Porque, cuando hablamos de «desconexión», «rechazo», «abandono» o «culpa», no estamos solo pronunciando sonidos, estamos nombrando experiencias vividas que nos atraviesan en lo más profundo. Analizar las palabras es, en el fondo, analizar **cómo vivimos, sentimos y reaccionamos en relación con el otro.**

SERGIO DE VOCHT

Disclaimer

Antes de empezar, quiero dejar claro que en este libro no vamos a justificar ningún tipo de violencia física ni verbal, y mucho menos la que acaba en un homicidio, un genocidio o una guerra. Lo que haremos es otra cosa; nos detendremos en el origen de esa violencia primigenia, en cómo surge y en cómo crece para comprender por qué a veces una simple palabra termina siendo una herida, y cómo esa herida puede escalar hasta convertirse en algo que destruye a personas y comunidades enteras. No es un libro que busque excusas, sino un libro que intenta mirar los conflictos con los ojos de la psicología social, porque, si solo los observamos desde lo individual, nos quedamos atrapados en la lógica de proteger a la víctima sin entender lo que sucede entre ambas partes, sin ver cómo la dinámica se enreda tanto entre las personas como entre las identidades colectivas.

Lo que quiero proponerte aquí es leer de otra manera las palabras que usamos cada día, ver qué significan en lo profundo, de dónde vienen y cómo nos condicionan. La sociología nos muestra que muchas veces los conflictos nacen no de lo que realmente sucede, sino de la carga cultural que arrastran las palabras y de la manera en que interpretamos las situaciones. La cultura, con el paso de la historia, se ha construido como una especie de escudo frente al agresor, frente al invasor, frente a ese otro que se percibe como amenaza; eso ha generado un vocabulario que, en lugar de abrirnos, nos mantiene encerrados en la idea de que cualquiera puede ser un peligro. Por eso hablamos aquí de una «cultura del conflicto», porque incluso palabras tan valiosas como «respeto» o «confianza» vienen impregnadas de ese trasfondo de defensa, como si todo estuviera diseñado para protegernos y no para encontrarnos.

Ese trasfondo provoca que, sin darnos cuenta, busquemos solo nuestro propio beneficio, viendo al otro como un enemigo. Y lo curioso es que la otra persona hace lo mismo, creyendo también que debe protegerse de nosotros. Así, sin querer, nos convertimos en una amenaza mutua. No se trata de despreciar la cultura en lo que tiene de hermoso, en sus tradiciones, en sus sabores, en todo lo que nos proporciona identidad, sino de ver que también ha dado forma a nuestros conflictos y nos ha hecho sentir que seguimos rodeados de leones aunque ya no vivamos en la selva. Ese depredador imaginario aparece en nuestras discusiones, en nuestras relaciones de pareja, en el trabajo, en la política, en cualquier lugar donde sentimos que alguien puede quitarnos algo que consideramos que es nuestro (sea material o no).

Por esta razón, *Aprende a discutir mejor* no justifica en absoluto la violencia, pero sí busca explicarla, **mostrar desde la psicología social cómo nace un conflicto y, sobre todo, cómo podemos evitar que crezca hasta niveles que ya no podemos controlar.** Queremos ofrecerte otra mirada más neutra y esperanzadora, unas herramientas que sirvan para leer las situaciones con más calma y para que tanto la persona que se siente herida (víctima) como quien provoca esa herida (que sería el agresor) encuentren un camino distinto, uno que no termine en insultos, golpes o discusiones agresivas.

Lo que te propongo es un cambio de paradigma, una resignificación de las palabras, pasar de una cultura que se protege a una cultura que coopera. Imagínate por un momento que empezamos a vernos no como posibles amenazas, sino como parte de un mismo equipo, y juntos creamos un contexto seguro en el que no tengamos que vivir a la defensiva. Esa es la intención de estas páginas: abrir una puerta a un modo distinto de relacionarnos, una cultura de cooperación y de despolarización en la que no dejemos a nadie atrás. Discutir mejor no es solo un detalle en nuestras conversaciones, es la base de un mundo más seguro, equilibrado y compartido. Bienvenido a este cambio, que empieza contigo y con cada interacción que elijas transformar.

Discutir

Antes de desgranar los conceptos recurrentes en las discusiones, es importante detenernos a pensar qué significa realmente discutir, ¿verdad? Porque, claro, podemos encontrarnos con dos formas distintas de entender qué es. Una es tan solo mantener una conversación sobre algún tema con el fin de buscar una solución de manera calmada; sin embargo, si la usamos en un sentido problemático y la sentimos como una amenaza en sí misma, la discusión se transforma en la segunda, en un momento de tensión que se percibe casi como una pelea. Así pues, ¿cuál es la diferencia real entre discutir y conversar? ¿En qué momento preciso una charla entre dos personas se convierte en una «discusión»? Yo puedo discutir desde la calma y la otra persona desde la tensión, y ahí está la clave, porque es la tensión lo que marca la diferencia; es en ese clima cuando se pone en duda la razón del otro, cuando se interpreta que podría haber una falta de respeto o un ataque, y lo que aparece es esa carga que no surge tanto de las ideas como de la emoción. El malestar impide que me sienta en un espacio seguro. Y cuando hablo de espacio no me refiero a un lugar físico, sino a la relación como un lugar simbólico que debería dar cobijo pero que, en cambio, se percibe como hostil porque se me pone en duda, se me falta al respeto o se me critica. Es esa tensión la que acaba convirtiendo una conversación en una discusión tensa.

Esto me recuerda a una situación muy común en la vida de pareja, aunque también puede suceder en el ámbito profesional o en el social. En ocasiones, se empieza a hablar con calma sobre un asunto y, de repente, una de las partes dice: «No empecemos a discutir»; en ese mismo instante, se está creando la tensión. Uno de los dos interlocutores siente que se ha entrado en la discusión, mientras que el otro responde: «Pues no, solo estoy hablando», y ahí se evidencia que lo que llamamos discusión incómoda o conflicto surge precisamente cuando aparece esa emoción de malestar, la alerta que activa la amígdala. Ese mecanismo hace que una emoción despierte otra: si yo critico desde el enfado, el otro puede sentirse atacado; si lo hago desde la tristeza, puede sentirse culpable; si me río porque percibo la situación como ridícula, para mí algo menor, el otro puede tomárselo como un agravio y responder con enfado. En definitiva, una emoción activa otra y entonces nos sumergimos de lleno en la dinámica de discusión.

¿Es negativa en sí misma la discusión? Si pensamos en los elementos que usamos, veremos que lo central son las palabras. Por eso es importante hablar de ellas, porque las palabras no son solo sonidos o letras, también son vehículos de emociones. Son intentos de nombrar una sensación interna que se ha mezclado con lo que interpretamos del exterior, de modo que, además de su significado convencional, representan simbólicamente una emoción, se vuelven la traducción imperfecta de lo que vivimos dentro y lo que interpretamos de los hechos. Cuando una persona está bajo la presión de un malestar, la amígdala secuestra el cerebro más reflexivo y anula la parte ética y analítica que permitiría ver las cosas con calma; entonces aparece el modo ataque, huida o bloqueo, un estado en que las palabras ya no se usan para buscar entendimiento, sino para descargar las emociones.

Puesto que una sensación no puede nombrarse de manera precisa, porque es abstracta, lo que suele suceder es que la persona en tensión usa palabras cargadas con una connotación cultural negativa, empujadas por la energía misma de ese estado emocional. Por ejemplo, cuando siento que mi malestar proviene de lo que otra persona ha hecho, uso las palabras más cercanas que encuentro con la fuerza que me infunde la emoción; eso no tiene por qué significar que busque dañar, solo intento expresar lo que me supera. Recuerdo, por ejemplo, que un día mi hija me dijo: «Papá, eres *méchant*». Aunque vivimos en Francia, me sorprendí, porque yo le hablo en castellano y nunca había utilizado con ella esa expresión. Pero ella había aprendido la palabra de otra niña y cada vez que se frustraba conmigo, porque le negaba un helado o cualquier petición, repetía la frase. Yo comprendí que esa palabra no era un ataque personal, sino la herramienta que mi hija tenía a mano para soltar su enfado, para expresar lo que no podía hacer de otro modo; era el vocabulario disponible que iba unido a la energía de la emoción.

Imaginemos que una persona llega a casa y su pareja le dice en un tono molesto: «Solo piensas en ti, eres un egoísta, nunca me tienes en cuenta en tus planes». La frase puede sonar como un ataque directo, pero si el receptor lograra entender lo que hay detrás, podría reconocer que no se trata de un cuestionamiento global de su forma de ser, sino de la expresión de una frustración puntual: «Me siento sola», «me habría gustado más atención hoy», «me habría gustado compartir tiempo juntos». A partir de ahí, se puede responder con calma: «Te entiendo, hablemos de cómo puedo estar más presente o de por qué crees que no has sido atendida», y transformar así la discusión en un diálogo.

Imagina que en una oficina alguien bromea en voz alta con una compañera. Se ríen y hablan fuerte, pero otro compañero, que intenta mantener otra conversación, no logra escuchar a la otra persona, se da la vuelta molesto y suelta en un tono duro: «Eres un maleducado, ¡cállate ya!». De entrada, la frase parece una falta de respeto, e incluso los demás en la oficina comentan: «Joder, ¿cómo dejas que te hable así?», pero quien bromeaba piensa para sí: «Ay, perdona, no me he dado cuenta. Claro que se ha puesto así, estaba intentando hablar y yo lo interrumpía con mis gritos. Es normal que hay reaccionado de esta manera». En lugar de tomárselo como un ataque personal, interpreta que detrás de esas palabras estaba el estrés de no poder comunicarse, la frustración de encontrarse en una conversación imposible, y entiende que la reacción, aunque brusca, no ha nacido del desprecio, sino de la emoción del momento.

> Este tipo de lecturas o interpretaciones son útiles porque representan la traducción de la emoción en hechos objetivos y convierten un posible conflicto, que puede terminar en violencia y destrucción, en la oportunidad de crear un ambiente sano.

Podemos interpretar, pues, que discutir no debería entenderse como un ataque en sí mismo, porque las palabras nunca son más que símbolos para intentar expresar lo que sentimos. Por esta razón, necesitamos ser tolerantes ante el hecho de que la amígdala anule el córtex prefrontal que nos haría más reflexivos. La recomendación en terapia es, pues, escribir lo que sentimos porque ayuda a dar forma, a traducir la emoción en un símbolo, a reposarla, a aliviar y abrir el camino a una solución. Escribir se convierte en un puente entre lo interno y lo externo, entre la sensación y la interpretación, y nos permite comprender con más objetividad qué sucede en un conflicto.

Está claro que culturalmente no podemos permitir que se nos blasfeme con palabras o con el tono en que se pronuncian, pero la mejor manera de enfrentarlo no es sentirse una víctima, sino educarnos para reconocer que no siempre controlamos ese impulso en nosotros mismos. Discutir mejor no es solo hablar de forma calmada o encontrar los términos adecuados, es comprender que detrás de cada palabra hay una subcomunicación emocional, y que la manera de hacer de un conflicto algo menos traumático es entenderlo de forma objetiva, sabiendo que la otra persona no está atacando como fin último, sino defendiendo su identidad frente a los demás y frente a sus propias contradicciones. Y aunque esto no signifique justificar la violencia, sí abre un camino para que la posibilidad de violencia no implique la obligación de defenderse, de modo que nosotros tampoco tengamos que vivir siempre a la defensiva ante esa posible violencia y podamos no iniciar un bucle interminable. Como sociedad, estamos acostumbrados a pensar que una discusión, ya sea en forma verbal, de pelea entre individuos o incluso de conflicto armado, termina siempre con un ganador: el que tiene mayor fuerza, poder o habilidad persuasiva.

En realidad, un conflicto no debería resolverse con vencedores y vencidos, sino a través del entendimiento de las vulnerabilidades y necesidades de ambas partes. Se trata de comprender que esas vulnerabilidades muchas veces se manifiestan en conductas torpes que dificultan a las personas gestionar sus reacciones porque interpretan cualquier gesto como una amenaza a su estabilidad o identidad. Activan de manera improvisada una defensa que no sigue un orden ni una lógica moral, sino que opera desde lo más primitivo del cerebro.

Así pues, lo que solemos etiquetar como un ataque es en realidad la torpeza humana de cargar con un cerebro primitivo en un mundo moderno. Seguimos en modo alerta, como si aún hubiera un depredador acechando, y, cuando no lo hay, lo inventamos a partir de cómo interpretamos los hechos. Por eso, cuando al menos una de las partes es capaz de reconocer esa base biológica, cultural y primitiva que se activa en una discusión, resulta posible dejar de sentirse en peligro y activar el modo defensa para gestionarse de una forma que evite que el conflicto o la discusión sea traumático y que logre transformarlo en lo que de verdad es: la oportunidad para hablar de las sensaciones y las vulnerabilidades sin ningún otro objetivo que expresar lo que duele y mostrar la parte más real de nosotros, la que aparece cuando surge la tensión en una experiencia compartida. En definitiva, esto hará que se genere un espacio cada vez más seguro y fortalecerá el vínculo.

Las bases del conflicto

En nada entramos en materia, pero antes quisiera explicar qué vamos a plantear en este libro para conseguir discutir mejor. La base es entender el proceso psicológico de la interacción para poder encontrar cuál es el origen del conflicto.

En primer lugar, debemos darnos cuenta de que en nuestro cerebro hay una estructura muy antigua, la amígdala, que durante miles de años funcionó como una alarma primitiva que nos protegía de los peligros de la vida. Cuando alguien nos señala un error o una debilidad, esa región del cerebro se activa porque lo interpreta como un riesgo de ser excluidos del grupo. Aunque hoy ya no haya depredadores escondidos entre los arbustos, seguimos reaccionando como si los hubiera, como si cada crítica fuera un rugido en la selva. En el mundo moderno, ese león ya no existe, pero lo inventamos nosotros mismos con la interpretación que hacemos del contexto en el que vivimos. Y digo que lo inventamos porque, en condiciones normales, nadie va a atacarnos, al menos no de una manera que ponga en riesgo nuestra vida. Lo que sucede es que entra en juego el cerebro moderno, el córtex prefrontal, que se encarga de traducir lo que percibimos en narrativas que den sentido a nuestras emociones.

Gracias al córtex prefrontal nacieron las palabras, las normas sociales, la ética y la moral que en teoría deberían ayudarnos a convivir, pero que en la práctica muchas veces se convierten en un escudo. Esas palabras, cargadas de connotaciones culturales, no siempre nos permiten expresarnos desde la vulnerabilidad, sino que terminan reforzando la respuesta defensiva de la amígdala. Así, lo que debería servir para acercarnos unos a otros acaba sirviendo para protegernos de los demás, y lo que antes preservaba la vida hoy resguarda algo muy distinto: nuestra identidad, nuestro lugar en la invisible jerarquía de las relaciones humanas.

El conflicto tiene dos patas, una primitiva y otra cultural, ambas con la misma función: proteger al individuo y su identidad. Las herramientas modernas que utilizamos son las palabras, pero, cuando discutimos, estas se transforman en instrumentos para defendernos más que para comprendernos.

El reto que nos planteamos aquí es, por tanto, huir de esas connotaciones que activan nuestras alertas y moldean nuestra interpretación de la realidad para adentrarnos en lo que hay detrás, en las entrañas de la palabra que nos hiere. No se trata de negar nuestras emociones, porque son naturales y forman parte de lo que somos, sino de reconocer que esa activación es primitiva y no tiene por qué condicionar nuestra manera de relacionarnos hoy. Si conseguimos desmontar poco a poco esa narrativa cultural que sostiene las palabras y logramos entenderlas no como símbolos fanáticos de amenaza, sino como simples expresiones humanas, podremos dejar de reaccionar desde la defensa y abrir paso a una moralidad más objetiva, más serena, que vea lo biológico como comprensible y lo cultural como transformable.

Al final, **lo que realmente nos daña no es la verdad que se dice, sino la connotación que cargamos sobre las palabras, la interpretación que nos hace creer que debemos protegernos a toda costa.** Y este libro se propone precisamente eso: revisar una selección de términos (palabra por palabra), desmontar las capas que nos activan y nos aíslan, y así crear un espacio más seguro en el que hablar de nuestras vulnerabilidades no sea un motivo de vergüenza ni un riesgo de perder valor frente a los demás, sino una forma de confianza. Porque solo cuando dejamos de pelear con esos fantasmas culturales podemos empezar a discutir de otro modo, como quien, en lugar de atrincherarse para sobrevivir, se abre a estar en paz con los otros y, en consecuencia, consigue también estar en paz consigo mismo.

Ahora que hemos logrado comprender estas reacciones primitivas y culturales, necesitamos poner el foco en la identidad. Solemos interpretar que cada persona tiene una identidad fija, una especie de esencia que debemos sostener en el tiempo, y nos aferramos a la ilusión de que esa continuidad garantiza nuestro valor y hasta nuestro amor propio. Pero, en realidad, eso es solo un espejismo, porque el reconocimiento que sostiene nuestra identidad no puede venir de uno mismo, sino del exterior. No somos seres aislados, formamos parte de un contexto, del mismo modo que cada órgano forma parte de un cuerpo. Si me duele la espalda, no es esta la que se queja, aislada del resto, sino el cuerpo entero el que reconoce ese dolor. Así también ocurre con nuestra identidad: solo existe dentro de un todo que nos sostiene. Esto se puede observar fácilmente en la infancia. Un niño necesita que lo miren, que lo observen y lo reconozcan para poder existir como persona, y lo mismo nos sucede a cualquier edad. Que nos ignoren o no nos reconozcan puede convertirse en una forma de muerte lenta, en depresión, en enfermedades que nos consumen en silencio. En lo más profundo de nuestro ser, sabemos que el reconocimiento social es una necesidad tan vital como la comida o el aire, pero vivimos en una cultura que nos ha vendido la ilusión de que nos hemos creado a nosotros mismos, de que somos el producto exclusivo de nuestro esfuerzo y nuestra voluntad personales. Esa narrativa individualista oculta un hecho básico: lo que somos depende de las miradas que nos rodean y de los contextos que nos sostienen.

La psicología lo ha mostrado con claridad. La psicóloga Elizabeth Loftus, por ejemplo, demostró que **la memoria es construida y reconstruida constantemente, que no es un archivo objetivo de lo vivido, sino un relato selectivo que modificamos cada vez que recordamos para dar coherencia a nuestra identidad.** Algo parecido ocurre con el sesgo de consistencia descrito por Elliot Aronson, que nos lleva a filtrar la información e incluso a reinterpretar el pasado para mantener la ilusión de que siempre hemos sido los mismos, de que hay un hilo conductor que da continuidad a lo que llamamos «yo». Es decir, no solo nos contamos una historia, sino que estamos dispuestos a alterar los datos y los recuerdos para que encajen en nuestro relato. Si relacionamos estos mecanismos con el conflicto, entendemos que una de sus causas principales es precisamente la identidad. Nos aferramos a la idea de tener una identidad fija, y al hacerlo olvidamos que lo más auténtico en realidad no es la permanencia, sino el cambio. Lo que hace posible que el ser humano haya sobrevivido a lo largo de la historia no es una esencia inmutable, sino la capacidad de adaptarse y transformarse. Cualquier forma de vida se sostiene gracias a esta sobreadaptación; sin embargo, muchos sufrimientos provienen de querer mantenernos inmutables, de resistirnos a la evidencia de que cambiamos sin cesar. Por paradójico que resulte, las personas que parecen vivir con mayor serenidad no son aquellas que más se preguntan quién son, sino las que menos atrapadas están en esa obsesión por definirse. La identidad comienza a gestarse en la infancia a partir del reconocimiento. Copiamos, imitamos, repetimos gestos y conductas de quienes nos rodean, y poco a poco tejemos una identidad que creemos propia. Pero, en realidad, somos el resultado de un contexto, de un entorno que facilita o bloquea ciertos comportamientos, y eso explica por qué no tiene sentido pensar que nos hemos hecho a nosotros mismos desde cero.

Una vez que creemos tener una identidad y somos conscientes de ella, lo que suele suceder es que sentimos la necesidad de protegerla, porque asumimos que es fija. Y es esa ilusión de inmutabilidad la que da lugar a tantos conflictos.

Aceptar que la identidad no es fija, sino evolutiva, nos cambia la forma en que enfrentamos el conflicto. Nos permite dejar de estar en modo protección, porque el otro ya no es una amenaza a lo que somos, y nos abre la posibilidad de entender que las identidades no son esencias inmóviles, sino creaciones relacionales que aparecen y desaparecen en la interacción. Si pensamos en las relaciones de pareja, por ejemplo, durante el enamoramiento surge una nueva identidad compartida, sostenida por la intensidad hormonal y neuronal de esa etapa. Pero, cuando esas reacciones se apagan, esa identidad empieza a transformarse y, en lugar de aceptar el cambio, intentamos protegerla, porque creemos que nuestra importancia en la relación depende de que esa identidad se mantenga intacta. Ahí surgen los yoes ideales, esas versiones de nosotros mismos que intentamos sostener para seguir siendo reconocidos. Y en ese esfuerzo ocultamos vulnerabilidades, errores o fragilidades, como si mostrarlas fuera el equivalente a dejar de ser quienes decimos ser. Así comienzan los conflictos, no peleamos solo por lo que ocurre en el presente, sino por la amenaza de perder la identidad que hemos construido.

La psicología social ha insistido en que la identidad se crea por la interacción con el entorno. Un ejemplo sencillo lo encontramos en la historia de Mowgli en *El libro de la selva*. Criado entre lobos, nunca llegó a reconocerse humano, porque lo que lo constituía era el reconocimiento que recibía de su manada. No había visto a otros seres humanos, no tenía referentes de humanidad, así que se percibía como lobo o al menos como animal. Su identidad no estaba dentro de él, sino en el contexto que lo acogía. Nosotros no somos distintos, ya que nos reconocemos según las interacciones que tenemos con quienes nos rodean. Por eso, cuando alguien cercano muere o la pareja se rompe, no sentimos únicamente la ausencia de esa persona, sino también la desaparición de una parte de nosotros mismos. Porque nuestra identidad se había tejido en la interacción con ella, y al partir se lleva consigo esa parte. Lo mismo ocurre en lo profesional. Cuando nuestra importancia en un grupo o en una empresa se tambalea, cuando cometemos un error, solemos tratar de esconderlo para no poner en riesgo la identidad que tenemos dentro de ese sistema. En todos esos casos, lo que está en juego no es tanto la situación puntual como la necesidad de proteger la identidad que creemos fija.

Entender esto es fundamental antes de seguir avanzando, porque nos ayuda a desestructurar las connotaciones y las palabras que usamos en un conflicto. Si asumimos que la identidad es una construcción cambiante, el conflicto puede transformarse en la oportunidad de reconocer cómo estamos siendo en ese momento. Y entonces podemos dejar de proteger la imagen que creemos tener y atrevernos a mostrar las vulnerabilidades y los cambios que, en el fondo, son lo único auténtico en nosotros.

Podemos empezar a mirar el amor sin adornos, sin esa capa de romanticismo que durante siglos nos ha enseñado a confundirlo con el enamoramiento, con la intensidad inicial, con la euforia química que nos hace sentir únicos y absolutos. Esa etapa existe y es real, nadie la niega, pero resulta transitoria, gobernada por hormonas y conexiones neuronales que moldean una identidad momentánea, tan auténtica en ese instante como inestable en el tiempo. El problema aparece cuando sobre ese estado levantamos una narrativa cultural que lo convierte en el modelo de lo que debería ser el amor; de ahí nacen las exigencias, las reglas tácitas, las éticas de pareja que nos dictan cómo amar, cómo sufrir, cómo medir nuestra importancia para el otro. El romanticismo, en ese sentido, no fue solo un movimiento artístico, sino una forma de dramatizar la experiencia humana, de poner el amor en un escenario en el que lo esencial no es el cuidado mutuo, sino la intensidad de la posesión y la tragedia de la pérdida. Basta con ver las películas, escuchar las canciones o leer las novelas; casi siempre se presenta el amor como un campo de batalla donde se lucha por la prioridad, la exclusividad, la confirmación constante de que somos imprescindibles para alguien. Eso repercute directamente en cómo discutimos, porque muchas de nuestras palabras, cuando el conflicto aparece, no buscan tanto resolver lo que pasa como defender la importancia que sentimos amenazada. Este comportamiento se repite *ad infinitum* en los conflictos en general, de la magnitud que sean. Si lo observamos desde otro ángulo más desnudo y menos sesgado, el amor no constituye ese drama, es algo más simple y a la vez más radical; es querer que el otro esté bien, es que tu bienestar se altere cuando el otro sufre y se expanda cuando el otro está pleno. Lo vemos con claridad en el vínculo entre una madre y un hijo, que puede sostenerse incluso en medio de decepciones profundas o de conductas dañinas, porque lo que está en juego no es la imagen que devuelve, sino la pertenencia misma. Este ejemplo no lo explica todo, pero nos recuerda que el amor no necesita tanto la espectacularidad del sacrificio como la sencillez del reconocimiento.

Al fin y al cabo, amar es reconocer, es acoger la fragilidad propia y la del otro sin condiciones, es aceptar que no siempre será como esperábamos y aun así ofrecer un lugar donde ambos podamos existir tal y como somos en ese preciso momento.

Visto así, el amor, en su raíz más primitiva, no es otra cosa que pertenencia. Es pertenecer a alguien, a un grupo, a un nosotros, no porque lo hayas merecido ni porque cumplas ciertos requisitos, sino simplemente porque existes. Y cuando esa pertenencia se tambalea, cuando sentimos que podemos perderla, surge el miedo, y con él el impulso de defendernos, de proteger una imagen, de reclamar importancia.

Por tanto, si queremos aprender a discutir mejor, el primer paso es comprender que detrás de cada palabra dura, de cada reproche o de cada silencio cargado, suele esconderse un miedo más profundo: el de dejar de ser importantes para el otro, el de perder ese reconocimiento básico que nos permite sentirnos en casa, incluso dentro de una relación de dos. Los conflictos no surgen solo porque dos personas tienen opiniones distintas, sino porque detrás de esas diferencias hay necesidades más profundas relacionadas con la reacción primitiva, la cultura, la identidad y el amor.

En lo biológico, cargamos todavía con una herencia primitiva, la amígdala, que interpreta cualquier crítica como una amenaza y nos pone en modo defensa. A ese mecanismo se suma el córtex prefrontal, mencionado unas páginas atrás, que traduce la emoción en narrativas, en palabras y normas que suelen estar cargadas de connotaciones culturales que las convierten en armas más que en puentes.

El origen de un conflicto no está tanto en la diferencia de opiniones como en tres fuerzas que se entrelazan:

• La reacción primitiva de la amígdala, que interpreta cualquier crítica como una amenaza de exclusión y nos pone en modo defensa.

• Las connotaciones culturales de las palabras, que transforman el lenguaje en un campo de batalla donde tratamos de sostener nuestra importancia.

• La ilusión de una identidad fija, que creemos que debemos proteger a toda costa, aunque en realidad sea cambiante y relacional.

A esto se añade el peso del romanticismo y del dramatismo cultural. Confundimos amor con posesión y dramatismo, en lugar de verlo como reconocimiento y pertenencia, lo que intensifica el miedo a perder valor a ojos del otro. Así, cada discusión no es solo sobre lo que se dice, sino sobre el temor más profundo a dejar de ser vistos, reconocidos y aceptados a pesar de las vulnerabilidades.

Ahora bien, si empezamos a cambiar la interpretación de esas palabras, podremos aprender a discutir mejor, sabiendo que lo que activan no es más que una respuesta primitiva sostenida por la connotación cultural que pretende proteger la identidad.

Por raro que pueda sonar, las disputas no suelen tener un inicio claro. No empiezan con una frase dura ni con un portazo; el germen es el momento en que aparecen la tensión, la incomodidad o el sufrimiento. A veces surgen sin siquiera haberse dicho una sola palabra, y permanecen ahí, en un estado latente, silencioso, como una semilla que acumula energía hasta que un detalle, un gesto o una reacción fuera de tono activa lo que ya crecía por dentro. La disputa no «comienza» en ese momento, sino que es entonces cuando se manifiesta y se vuelve visible, aunque haya estado presente desde mucho antes.

En cambio, sí sabemos identificar cuándo una disputa se convierte en otra cosa, porque hay un punto en el que dejamos el terreno del conflicto emocional y entramos en la lógica de lo primitivo, el modo peligro. Eso ocurre cuando se cruzan ciertos límites: el del respeto, el de la seguridad emocional o física, el de la dignidad, si me apuras. Entonces ya no estamos discutiendo, sino dañando al otro en un intento de no ser destruidos, y eso es una cosa del todo distinta.

Una disputa es ese territorio borroso en el que dos personas, atrapadas en su deseo de ser entendidas, empiezan a dejar de escuchar. Porque cuando sientes que lo que estás diciendo no está sien-

do recibido, no solo duele, también desespera. Y entonces te acele-
ras, subes el volumen, repites, insistes, y en ese esfuerzo por ser
escuchado dejas de lado lo que el otro está diciendo. Y, como es
mutuo, ambos dejan de buscarse y empiezan a empujarse, como si
para hablar uno tuviera que silenciar (literal y simbólicamente) al
otro, como si no hubiera espacio para las dos versiones al mismo
tiempo. Es más, si lo pensamos bien, en esas situaciones también
dejamos de escucharnos a nosotros mismos; escupimos frases sin
tomarnos el reposo de auscultarnos que nos facilitaría afrontar la
discusión de mejor manera.

Lo que ocurre en la superficie —gritos, interrupciones, gestos— es solo la parte visible. Lo que está debajo es más profundo,
más importante, porque es ahí donde se define si la interacción puede transformarse o solo va a repetirse una y otra vez. Porque, en lugar de preguntarte la razón de que el otro actúe así, qué contexto lo
atraviesa, qué le duele, qué está intentando expresar, tan solo con-
cluyes: «No puedo con esto», y desde ese lugar ya no hay intención
de comprender, solo la necesidad de detener el malestar lo más rápido posible, incluso a costa de la conexión real subyacente.

Cuando esto sucede, entramos en lo que podríamos llamar el
«modo juez»; es decir, dejamos de ver el conflicto como parte de
una red de causas y efectos y lo reducimos a una frase interna:
«Esto pasa porque tú lo provocas». Eso se llama «imputación»,
porque ya no analizamos la situación, sino que señalamos a la persona; no se trata de qué pasó, sino de quién lo hizo. Sin darnos
cuenta, nos posicionamos por encima de la interacción, como si
pudiéramos determinar desde fuera quién tiene la culpa, como si el
dolor nos autorizara a juzgar y simplificar algo que es mucho más
complejo. Ahora bien, ¿por qué actuamos de este modo? Normal-

mente porque el sufrimiento es difícil de sostener durante mucho tiempo sin una explicación; necesitamos que pare, y para ello necesitamos saber por qué ocurre. Como en la vida cotidiana tendemos a pensar que las causas de lo que sentimos están en lo que los otros hacen, vamos hacia ellos con una afirmación y una exigencia casi automáticas: «¡Ya vale, no hagas eso!». Pero con esa frase cargamos al otro con una responsabilidad que no siempre le corresponde por completo, porque —y quédate con esto— **ese sufrimiento que siento también tiene que ver conmigo, con cómo lo vivo, con lo que me activa, con lo que no dije a tiempo, con lo que he aprendido a temer o a necesitar.**

Por eso, cuando se repite una misma disputa, no es solo porque el otro «no ha cambiado», sino porque el sistema completo no ha sido comprendido. Me explico. Creemos que las cosas funcionan de forma lineal —alguien hace algo que provoca una reacción—, pero la realidad es que lo emocional funciona como un sistema dinámico. Un gesto mínimo o una palabra insignificante pueden desencadenar una reacción desproporcionada, no por el gesto o la palabra en sí, sino por todo lo que tocan en el tejido emocional del vínculo, por todo lo que evocan, por lo que representan, por cómo se reciben en un momento específico. Y eso implica que no podemos reducir la responsabilidad a una sola persona o historia, sino que debemos ampliar la mirada y ver cómo el entorno también participa, cómo sostenemos lo que toleramos, cómo normalizamos lo que luego estalla, cómo permitimos lo que nos incomoda hasta que se convierte en herida.

Cada reacción emocional, entonces, no es una mera respuesta a un estímulo inmediato, sino el resultado de una red más amplia que incluye:

- La historia.
- El contexto.
- La cultura.
- El lenguaje.

Por tanto, somos una parte activa del sistema, del vínculo, incluso cuando no estamos diciendo nada.

Esto no significa que no haya responsabilidad personal, claro que la hay, pero no como una propiedad exclusiva, sino como un lugar compartido, porque en una disputa ninguno está completamente fuera de ese conflicto. Esto es lo que más cuesta asumir, **porque queremos que el otro cargue con todo para poder descansar de lo que sentimos.** Y lo cierto es que, si nos observamos con cariño y cierta distancia, veremos que dentro de nosotros también ocurre una disputa, porque somos una mezcla de voces internas que no siempre están de acuerdo entre sí. Muchas veces la voz que habla no es la más consciente, sino la que más necesita ser escuchada, aunque no sea capaz de expresarse bien. Por eso, con frecuencia terminamos diciendo lo contrario de lo que queríamos, actuando de forma torpe, pero la emoción se impone en el momento, nos atraviesa, y solo después logramos entender qué quisimos realmente comunicar y si se correspondió con lo que dijimos.

Esa torpeza es parte de lo humano, y aceptar esa fragilidad, tanto en nosotros como en el otro, es el primer paso hacia una ética relacional. No es una norma externa, sino una forma interna de comprensión, como esa voluntad profunda de no destruir al otro cuando yo estoy herido, como ese intento de frenar la reacción automática para formular preguntas como: ¿qué estamos haciendo con esto?, ¿qué me está pasando?, ¿qué no estoy viendo?

Los beneficios de entender que el conflicto no se produce porque alguien falla, sino porque un sistema se desequilibra son enormes. Es entonces cuando podemos empezar a intervenir en ese sistema sin usar el dolor como único criterio. Podemos dejar de vernos como reyes que deciden cada paso y comenzar a entendernos como una botella que flota en medio de muchas corrientes: historia, cultura, heridas, memorias, deseos, reglas internas y externas, expectativas, lenguaje, etcétera. Todo eso nos atraviesa y condiciona, pero también nos ofrece dirección y sentido, si logramos orientarnos desde ahí. Por tanto, en lugar de exigir explicaciones inmediatas o de tomar decisiones precipitadas, podemos comenzar a navegar la disputa desde otra lógica, una que entiende que **lo importante no es la victoria, ni el silencio, ni el control del otro, sino la posibilidad de transformar ese momento en un espacio de comprensión que, en vez de culpables, busque nuevas formas de habitar el vínculo.**

Cuando eso ocurre, dejamos que la grieta hable. No tapamos lo que se rompió, sino que le damos voz. Le otorgamos a la vida (y al otro) la oportunidad de que emerja algo nuevo, más honesto, más habitable. Porque discutir no es sinónimo de fracaso, ni de ruptura, ni siquiera de desamor, discutir es a veces el modo en que la relación pide ser mirada de nuevo, el modo en que algo que estaba reprimido se expresa para poder ser atendido e integrado.

Ahora sí, ¡arrancamos con la preciosa y precisa disección de las palabras, los conceptos y las expresiones que desencadenan la inmensa mayoría de los conflictos!

Principales detonantes
de las discusiones

El entendimiento

Qué agradable es la sensación de sentirse entendido, ¿verdad? Pero cuando sientes que alguien no te entiende, ¿qué crees que necesitas en realidad? Hay discusiones en las que no estamos buscando que el otro diga: «Tienes razón», ni que se rinda ante nuestros argumentos. Lo que precisamos, aunque no lo sepamos, es algo mucho más profundo: que alguien nos acompañe emocionalmente, que no tengamos que quedarnos solos con lo que sentimos, que lo que vivimos por dentro no quede flotando en un vacío sin respuesta. Cuando decimos: «No me entiendes», muchas veces lo que queremos decir es: «No quiero sentir que estoy solo en esto que me pasa», «no quiero sentir que soy el único que ve lo que está pasando», «no quiero que mi sentir parezca un error».

Pero no nos han enseñado a decirlo así. Nos enseñaron a reclamar, a exigir…, a defendernos. Y por eso, en ocasiones, lo que era una necesidad de acompañamiento emocional se convierte en un combate. De ahí la importancia de que distingamos entre discutir para entender y discutir para ganar.

La discusión sana no busca convencer, busca conectar. Y, ojo, porque conectar no significa pensar igual, sino poder sostenernos mutuamente mientras no pensamos lo mismo.

Hay un momento en toda conversación intensa en que ya no estás hablando desde el contenido. Ya no hablas de «lo que pasó», ni de «quién tiene razón». Hablas desde la emoción. Desde el miedo. Desde la necesidad. Desde la vulnerabilidad de alguien que no quiere quedarse aislado. Porque sentirse incomprendido no es solo un tema de lenguaje o lógica, se trata de una experiencia corporal. Es la forma en la que el sistema nervioso interpreta que se enfrenta en solitario a la incertidumbre de la vida, pensando que está equivocado.

Entonces ¿qué estamos pidiendo realmente cuando pedimos que nos entiendan? No pedimos que el otro piense igual que nosotros, ni que repita nuestras palabras como si fueran un guion. Pedimos:

* No estar solos con lo que sentimos.
* Saber que no somos raros por reaccionar así.
* Que alguien nos confirme que lo que vivimos tiene sentido.
* Que el vínculo no se rompa por no ver las cosas igual.

Porque, **cuando estamos en una conversación emocional, no buscamos uniformidad, buscamos pertenencia.**

Me gustaría que quedase claro que lo que casi siempre sentimos no es rabia, sino miedo. Cuando no te entienden, tu sistema emocional no reacciona con lógica, sino a la defensiva. Saltas. Te cierras.

Te vas. Atacas... Y no lo haces porque seas agresivo, dramático o inestable, sino porque estás sintiendo miedo:

- Miedo a que lo que sientes no tenga valor.
- Miedo a que lo que estás diciendo no sea visto.
- Miedo a que la relación ya no sea un lugar seguro.

Y entonces discutir ya no es solo hablar y estar en desacuerdo. Es resistir a la soledad emocional. En otras palabras, es luchar contra la desconexión emocional. Y, en medio de ese desencuentro, hay que reconocer que a veces desconocemos desde qué parte lo decimos. Quizá lo estás diciendo desde una herida antigua, desde una historia en la que no te sentiste escuchado, sino ignorado, o desde un vínculo en que sentir era peligroso.

Y entonces, cuando el otro no te responde con exactitud quirúrgica, se activa el sistema de alerta:

no me entiendes = no estoy a salvo

Ya hemos mencionado con anterioridad que **entender no es corregir, es sostener.** El verdadero entendimiento no consiste en que alguien repita tus ideas para que te sientas escuchado. Consiste en que alguien pueda sostener tu mundo emocional sin cerrarlo con un juicio. Consiste en que alguien no te minimice ni te corrija, sino que te diga sin decirlo: «Puedes ser tú aquí». Este tipo de escucha no se entrena con técnicas de comunicación, se construye desde la voluntad de cuidar el vínculo. Porque cuando alguien te hiere con lo que dice, el dolor a veces no proviene de sus palabras, sino de no saber si podrás seguir siendo tú al lado de esa visión del otro.

Yendo un paso más allá, hay que interiorizar que la comprensión profunda no se exige, se ofrece. Y es que, en ocasiones, exigir ese entendimiento desde la carencia crea más distancia, porque puede sonar como una orden: «Entra en mi mundo o serás mi enemigo». Y esa exigencia —aunque válida en su origen emocional— no construye seguridad. Construye amenaza. **Por eso, la comprensión no comienza cuando el otro te repite lo que dijiste, comienza cuando alguien se queda contigo emocionalmente, aunque no vea lo mismo.** Cuando te acompaña, no cuando te analiza.

Es más, lo que en realidad duele en muchas discusiones no es que el otro no esté de acuerdo contigo; lo que duele es no sentir que puedes seguir perteneciendo mientras sientes diferente. Y entonces es cuando muchas relaciones se rompen. No por el desacuerdo, sino por la soledad emocional. Porque obviamos que lo que estamos buscando no es tener razón, sino saber que seguimos siendo bienvenidos, incluso cuando no coincidimos.

Y esto está muy vinculado al hecho de que entender no es dominar, es cohabitar. Necesitamos vivir en un mundo donde nuestras emociones puedan estar en la conversación sin ser tratadas como un error. Y para ello hay que comprender que el otro entiende las cosas de otra manera. Queremos relaciones en las que el vínculo sea más importante que el punto de vista, en las que podamos decir: «Esto me duele», «esto me confunde», «esto no lo entiendo aún, pero aquí estoy». Y que la otra persona no lo tome como una amenaza, sino como una invitación a seguir creando el espacio seguro entre los dos.

Entonces ¿qué hemos de hacer cuando no nos sentimos entendidos? Es nuestra responsabilidad crear el puente. Es decir:

- No imponemos nuestra versión. La compartimos.
- No exigimos réplica. Ofrecemos contexto.
- No negamos la emoción del otro. La acogemos.

Y, si no logramos entendernos a la primera, no pasa nada. Porque discutir mejor no es encontrar una sola verdad, es crear un espacio en que puedan habitar dos verdades al mismo tiempo... sin que el vínculo se rompa.

Una frase para llevarse: ser entendido no es que el otro piense como tú, es que puedas seguir sintiéndote seguro con esa persona incluso cuando no lo hace.

El valor

«Valor» es una de esas palabras que solemos pronunciar con bastante soltura, y por eso quiero que la desgranemos juntos. Se trata de un término que siempre parece tener varias caras y que nos atrapa en sus propias contradicciones. Hay diferentes maneras de entenderlo, porque, en principio, algo se considera valioso cuando es demandado. Lo podemos ver en el mercado de valores, una especie de metáfora que usamos también para pensar en el valor de una persona. No es que se solicite a la persona en sí, sino que se demandan ciertas cualidades, ciertas competencias que ella puede ofrecer. Son esas demandas (validadas culturalmente como correctas, éticas o morales) las que hacen que un individuo parezca tener más valor que otro. En este valor se incluye también la parte física, como puede ser lo flaco o lo bello, que se interpreta como extraordinario, lo cual confirma que lo que da valor a alguien está atravesado por una mirada social y no tanto por un hecho objetivo.

El problema del valor es que casi siempre se otorga por mérito o por comparación, y eso lo convierte en una escala que jerarquiza. Parece que alguien vale más porque tiene ciertas competencias, ya sean físicas, psicológicas o sociales, y por tanto merece más que otro. Pero lo que se olvida es que todos tenemos valor de manera implícita solo por existir, como lo tiene una planta, un animal o cualquier ser vivo. Es cierto que culturalmente decimos que un ser humano es más valioso que una planta, porque la pérdida de una persona conlleva una carga emocional y un impacto colectivo mayor, pero, si lo miramos de forma objetiva y sin ese juicio, cualquier elemento puede ser igual de valioso en su contexto. El ejemplo más claro son las abejas: pequeñas, casi invisibles y sin embargo esenciales para el equilibrio medioambiental, ya que, gracias a la polinización, permiten la vida de plantas, animales y por tanto también la nuestra. Esto se puede aplicar a los hongos y a casi cualquier cosa que habite este planeta. Así que el valor, en sí mismo, no debería tener jerarquía.

Ahora bien, ¿cómo podemos salir de ese orden vertical? Es muy difícil, porque la propia existencia del poder y de las estructuras sociales ha generado la idea de que quien tiene más conocimiento, más dinero, más músculos o más propiedades vale más que quien no los tiene. Pero quien accede a ese conocimiento o a esos bienes ya tenía acceso jerárquico a ellos, de modo que se crea un círculo vicioso. Alguien puede tener ideas brillantes, pero si no posee un diploma universitario o no pertenece a un grupo legitimado por el poder, su voz se invisibiliza o se ridiculiza. De esta manera, el valor que se da a una persona sigue estando hoy en día muy influido por la jerarquía, lo que distorsiona la manera en que convivimos. En un contexto puedes ser alguien muy inteligente y eso te otorga valor, pero en otro puedes no destacar y ser incluso torpe o poco amable.

Si bajamos de esa torre jerárquica y observamos la vida cotidiana, la convivencia del pueblo, descubrimos otro tipo de valor, el que nace de cómo sabes estar con los demás, de cómo gestionas tus emociones, de tu responsabilidad afectiva, de tu capacidad de generar espacios seguros. Ese valor implícito, que se revela cuando alguien es amable y sabe sostener vínculos desde la escucha, es el que en verdad buscamos en las relaciones, es lo que tiene valor. Sin embargo, la cultura ha cargado sobre nosotros conceptos como el orgullo o la reputación, que terminan ligando el valor humano a la identidad y nos hacen sentir que no basta con tener valor de por sí, sino que hay que protegerlo, defenderlo de cualquier amenaza de falta de respeto.

El error está en exagerar ese rasgo hasta convertirlo en la totalidad de la identidad, como si debieras mantener siempre la misma versión de ti para que tu valor no pierda estatus. Y, cuando ya no puedes sostenerla, cuando lo que antes te salía de forma natural deja de fluir, aparece la tentación de proyectar un yo ideal, una imagen que mantenga la ilusión de que sigues siendo aquello que los demás valoraban.

En este sentido encaja la teoría de E. Tory Higgins sobre la autodiscrepancia del yo, que distingue entre el yo real, vulnerable e inseguro; el yo ideal, esa proyección fija que mostramos para seguir sintiéndonos valiosos, y el yo normativo, que es lo que creemos que deberíamos ser para cumplir con las expectativas ajenas. La tensión entre los tres yoes genera conflictos de identidad, y lo que solemos llamar falsedad no es más que alguien proyectando un yo ideal que ya no corresponde con su yo real, porque teme perder el valor que le reconocieron en el pasado. Esto crea dinámicas de rigidez y apariencia, porque se niega espacio al yo vulnerable, ese que muestra inseguridades, ya que hacerlo parece incompatible con el estatus del valor. Sin embargo, cuando alguien se atreve a hablar de las vulnerabilidades y a compartirlas, lo que se genera es un valor horizontal, porque se crea un espacio seguro donde los demás también pueden mostrarse frágiles. **Por eso los conceptos como orgullo y reputación resultan tóxicos, porque presionan para mantener siempre la exclusividad de lo que nos dio valor en algún momento e impiden así la flexibilidad de ser y la naturalidad de cambiar, de la identidad en movimiento.**

Esta dinámica se observa con claridad en una relación. Al inicio solemos dar valor al otro por los aspectos que lo hacen exclusivo: su inteligencia, su físico, su dinero, su manera de expresarse... Y todo eso está bien, pero olvidamos que la identidad es variable y que lo que hoy nos deslumbra mañana puede volverse cotidiano (incluso podemos terminar rechazándolo). Lo que antes tenía tanto valor se normaliza con el tiempo y, al perder su carácter de novedad, deja de parecernos tan valioso. Entonces nacen las expectativas frustradas, porque esperamos que lo exclusivo se mantenga, pero, al no hacerlo, aparece una sensación de insuficiencia. Es como comprarte una casa; al principio estás maravillado, pero luego, al acostumbrarte a ella, puede que la compares con otra y sientas que la tuya ya no vale tanto, olvidando lo que te hizo elegirla. Por tanto, lo que realmente tiene valor en una relación no es la persona aislada, ni sus rasgos fijos, sino todo lo que se cocrea entre los dos en cada momento. El valor está en lo que surge en la interacción, en ese *self* que aparece contigo y que quizá no surge con otra persona; no porque sea más o menos, sino porque es diferente y único en ese vínculo.

Lo mismo ocurre con el conocimiento o con la espiritualidad. Un concepto quizá no tiene valor para ti en un momento determinado, pero puede convertirse en muy valioso más adelante y que luego te vuelva a parecer superficial. El valor es contextual, depende de la interacción, del tiempo, del lugar y de las personas implicadas, así como de lo que estas han experimentado en el tiempo. Aquí entra en escena lo que se llamó el efecto Nova, que describe la sensación de vacío que llega después de vivir un gran logro o una experiencia muy intensa, de mucho valor. Michael Phelps lo ejemplificó cuando, después de ganar numerosas medallas olímpicas, volvió a casa y sintió una profunda depresión; había alcanzado la cima, pero, al regresar a lo cotidiano, no sabía qué hacer con esa normalidad. Lo mismo sucede en las relaciones cuando, tras el enamoramiento, la rutina se siente insuficiente, como si faltara algo.

Esa trampa del valor entendido como estatus, de la que estamos hablando en este capítulo, nos lleva a reconocer que **la calma, la tranquilidad y la naturalidad del día a día también tienen valor por sí mismas;** no porque mantengan un fuego o un estatus, sino porque son diferentes y únicas en ese momento concreto, ya que, si seguimos dándoles un peso jerárquico, siempre sentiremos insuficiencia. En cambio, si entendemos el valor en horizontal, podremos experimentar las relaciones de manera más plena y veremos que cada momento, cada contexto y cada interacción son valiosos por lo que son, no por lo que deberían ser (haya o no otra persona en la ecuación).

Y aún hay algo más. El valor no se dirime solo en la mirada individual o en la relación de dos, sino también en lo colectivo, en lo que sostenemos juntos como familia, grupo o comunidad. Entonces aparece una paradoja: lo que culturalmente se premia es lo visible y lo productivo, pero lo que en realidad sostiene la vida son las cosas invisibles, esas que no generan prestigio ni reconocimiento externo, como cuidar de alguien enfermo, preparar la comida, escuchar de verdad a un amigo o ser paciente en un conflicto. Ese tipo de valor no se mide en diplomas, ni en músculos, ni en propiedades, ni en conocimientos, pero sin él nada se mantendría en pie.

Además, el tiempo cambia lo que entendemos por valioso. Lo que a los veinte años nos parecía esencial puede volverse secundario a los cuarenta, y a los setenta quizá lo que más valor tenga sea la compañía tranquila de alguien que se queda a tu lado. Por eso **es importante distinguir entre valor y utilidad, porque lo útil depende del momento y de la función que algo desempeñe, mientras que el valor atraviesa la existencia misma como lo que se reconoce y se comparte, no como lo que se gana o se pierde.**

Aquí me gustaría analizar un comportamiento que se repite a menudo en la infancia o la adolescencia, cuando se juega por equipos y toca elegir quién entra en cada grupo. Los últimos en ser seleccionados suelen ser los que, a ojos de los demás, tienen menos valor para lo que se demanda en ese contexto. En realidad, ahí encontramos un sesgo —de disponibilidad o de atribución—, porque lo que no se ve es que esas personas quizá poseen otras competencias que también podrían ser útiles para el juego. Tal vez ese chico o esa chica que no destaca por su físico tiene una mente más analítica o estratégica, y en un juego de equipo esa capacidad para pensar las jugadas o anticipar los movimientos del contrario podría ser decisiva. Pero, como no encaja con la categoría dominante del contexto, pasa desapercibida. En este ejemplo tan común vemos que el propio contexto muchas veces ciega ciertos valores horizontales y prioriza únicamente un valor vertical, reduciendo la mirada a lo que en ese momento parece más útil o evidente.

Entender esto puede ayudarnos a mirar con otros ojos nuestras sensaciones en las interacciones sociales, en las relaciones de pareja o en el entorno laboral, ya que nos permite comprender de dónde vienen ciertas percepciones de valor y cómo influyen en los conflictos. En el contexto actual, estamos constantemente expuestos a contenido, personajes públicos, conocimientos y estilos de vida que parecen tener un valor mayor que el nuestro, y es fácil caer en una sensación de insuficiencia. La vida se percibe como incompleta porque el sistema cultural nos empuja a desvalorizar lo normal, lo sencillo, lo cotidiano. Y esa sensación de que nunca es suficiente se convierte en una exigencia constante. Pedimos más de los demás, de nuestro entorno y de nosotros mismos, y muy a menudo pedimos más de lo que es posible, porque siempre hay un pez más grande en el mar.

El inconveniente es que así nos volvemos incapaces de asignar un valor claro a lo que tenemos, porque estamos expuestos a mil posibilidades distintas. Esta libertad de elección, propia del sistema socioeconómico actual, nos hace sentir inhabilitados para decidir qué es valioso. Es lo que Barry Schwartz llamó la paradoja de la elección: cuantas más opciones hay, más difícil es elegir y más insatisfacción sentimos con lo que escogemos. El ejemplo más sencillo es Netflix. A veces pasamos más tiempo revisando los catálogos que disfrutando de una película, porque siempre pensamos que quizá había otra mejor. Es más, ¿no te ha pasado nunca que te tiras un buen rato clicando en las carátulas, leyendo las sinopsis, viendo los tráileres… y resulta que a la media hora ya te ha vencido el sueño? Aquí voy a proporcionarte un dato revelador. Un estudio reciente, llevado a cabo por UserTesting, reveló que pasamos la friolera de ciento diez horas al año solamente tratando de escoger qué película o serie ver. Esto equivale a casi cinco días al año. Ahora puedes calcular tú mismo los días de tu vida que pasas delante de la tele tratando de decidir qué vas a ver y darle valor. También nos sucede cuando elegimos unas vacaciones o un trabajo, incluso algo tan cotidiano como el helado o el plato que vamos a comer: tardamos en decidir, lo elegimos y luego pensamos que lo de nuestro amigo tenía mejor pinta. Y así, una vez tomada la decisión, el valor de lo elegido enseguida se devalúa, porque las opciones descartadas permanecen en nuestra mente como una posibilidad.

Este es un proceso natural y evolutivo en una sociedad saturada de opciones, y por eso entenderlo puede ayudarnos a salir de esa trampa. Si comprendemos que el valor otorgado siempre está sesgado, que nunca será preciso y que la comparación infinita solo genera sufrimiento, podemos empezar a construir un valor horizontal. Y es precisamente esa creación compartida de un espacio común seguro lo que genera el mayor valor posible, porque trae consigo el bienestar real tanto en nosotros como en quienes nos rodean.

El respeto

Uno de los conceptos que más conflictos genera en cualquier ámbito es el respeto. Si lo pensamos un poco, cuando alguien pronuncia estas tres sílabas, «res-pe-to», todo el mundo parece saber de qué se trata, pero en realidad no siempre estamos hablando de lo mismo. De hecho, muchas veces lo que a mí me hace sentir que me faltan al respeto es distinto de lo que provoca ese sentimiento en otra persona. Ahí empieza la confusión. Así que conviene detenerse para preguntarse de dónde viene esta palabra, qué significa en realidad y por qué produce tantas discusiones cuando aparece en medio de una conversación o de un conflicto.

Si analizamos los orígenes del concepto «respeto», a diferencia de «reconocimiento», por ejemplo, vemos que no surge de manera inocente. No es una palabra que naciera del cuidado mutuo o de la horizontalidad, sino que precisamente está vinculada al poder, a cómo alguien que se sentía superior a otro necesitaba ser reconocido dentro de una comunidad que, al funcionar como un grupo de iguales, no le proporcionaba esa confirmación automática de pertenencia al grupo. Parece que el respeto haya convertido el reconocimiento de la necesidad de pertenecer, de sentirse integrado, en una escala de estatus. Cuando alguien pide respeto es como si diera estatus de valía a su persona, escondiendo su vulnerabilidad detrás de la importancia que se otorga al valor por merito, en lugar del valor intrínseco de existir.

Por eso es importante entender de entrada que el respeto tiene una raíz que no es neutra y que viene marcada por la jerarquía, por la fuerza, no tanto por el reconocimiento espontáneo. Cuando lo trasladamos a nuestra vida cotidiana, explica muchas cosas, porque, si vemos de cerca lo que busca en realidad el término respeto, nos encontramos con el deseo de reconocimiento, y claro, aquí se abre un terreno muy sensible. Cada vez que alguien toca esa interpretación, cada vez que alguien se atreve a cuestionar qué significa exactamente respetar a otro, enseguida se genera el revuelo, aparecen las reacciones intensas, como si estuviera en juego algo muy profundo.

Porque en realidad lo está. **Lo que buscamos cuando exigimos respeto es, precisamente, el reconocimiento de que somos personas que pueden sentirse mal con palabras, con actos, con omisiones, con la sensación de no ser tomadas en cuenta dentro de una relación o de un grupo.** Y cuando ese reconocimiento no aparece, o se interpreta que no aparece, suele surgir el enfado. En lugar de detenernos a pensar qué ha pasado, si se trata de un descuido o es por influencia de una emoción, si ha sido un malentendido o un acto deliberado, reaccionamos a la defensiva y convertimos el enfado en un muro que nos impide ver que muchas veces la ausencia de ese reconocimiento no proviene de un deseo de herir, sino de una dinámica distinta. Surge de la necesidad del otro de proteger su imagen, su estatus, su lugar dentro de la relación, de hablar desde una emoción más que desde la moral. Y al estar tan preocupado por sostenerse a sí mismo, puede dejar de considerar a quien tiene delante y producir así la sensación de que nos ha faltado al respeto.

Así pues, mientras que el reconocimiento no busca imponerse, no utiliza el miedo como recurso, el respeto muchas veces sí lo hace. Ahí reside la diferencia clave, porque cuando no recibimos reconocimiento, lo que sentimos es dolor, tristeza, desvalorización. En cambio, **cuando no recibimos respeto, lo que sentimos es miedo a la reacción del otro, miedo a las consecuencias de no haber cumplido con esa expectativa.** El miedo se refuerza culturalmente, porque hemos aprendido que hay que respetar al que tiene más importancia, al superior, al que ocupa el lugar de autoridad y puede castigar, y así la palabra «respeto» se mezcla con la jerarquía y con el poder y se pierde de vista que lo que está en juego es la fragilidad humana. Quien exige respeto por su valor como alguien importante o seguro de sí mismo, en realidad, está mostrando su fragilidad dentro de su discurso, porque lo que pide es que tengan cuidado con su fragilidad como persona por todo lo que puede desestabilizarlo con facilidad. Esa gran columna, en apariencia fuerte y firme, está hecha de paja.

Si pensamos ejemplos, lo entendemos enseguida. En un contexto laboral, el respeto hacia el jefe muchas veces no es tanto un reconocimiento genuino como el miedo al castigo, al despido, a perder el puesto… En un contexto de amistad, puede tratarse del temor a ser desplazado, a perder relevancia dentro del grupo. Y en un contexto de pareja, quizá es el miedo a la reacción colérica, a la respuesta desproporcionada, a la incomodidad de la discusión.

Entonces ¿qué estamos respetando ahí? ¿La fragilidad de la persona o el miedo a lo que nos puede suceder si no cumplimos con su expectativa? Esta es una pregunta clave, porque nos muestra hasta qué punto el respeto se convierte en algo conflictivo, ya que, más que cuidar al otro, parece que estemos cuidando nuestra posición frente a él. Por eso es importante reconocer la fragilidad de los demás, porque, cuando lo haces, te acaban respetando como alguien importante para el otro, y no por el miedo a las consecuencias; es decir, te respetan a ti, no al miedo que provocas. De ahí que sea necesario introducir una idea distinta: el respeto no lo merece necesariamente quien más poder tiene, quien más importancia cultural o social ostenta, sino lo frágil, lo vulnerable, lo que puede quebrarse, como cuando uno ve una flor y la cuida porque es delicada y valiosa en sí misma, no porque sea poderosa. Así ocurre también con las personas; lo que merece respeto no es la grandeza, sino la vulnerabilidad compartida, porque lo valioso y que nos iguala se encuentra en una mirada horizontal en la que todo tiene su importancia por el simple hecho de existir, no en una medición vertical de mayor a menor.

El problema es que culturalmente hemos aprendido a interpretar el respeto como obediencia al que está arriba, y eso distorsiona todo, porque cuando alguien dice: «Me estás faltando al respeto», te puede estar pidiendo, o bien un reconocimiento genuino de su fragilidad, de su necesidad de ser tomado en cuenta, o bien un reconocimiento impuesto de su superioridad. Ahí es donde la confusión se vuelve enorme, porque no siempre sabemos desde dónde viene la petición, y muchas veces lo que genera el conflicto no es la falta de reconocimiento en sí, sino la sensación de estar siendo forzados a confirmar la importancia de alguien que necesita sostener una imagen o un estatus.

Este comportamiento nos traslada a una cuestión que hemos tratado en páginas anteriores. Lo que solemos defender con tanto ímpetu cuando hablamos de respeto no es nuestra esencia, sino una identidad ficticia, una imagen que nos hemos creado a partir de conceptos, de creencias y de expectativas.

Y lo mismo sucede con la importancia. Alguien no es importante para nosotros por ser más o por ser menos, sino porque es diferente, porque en la relación que mantenemos con esa persona se crea una parcela de identidad que solo existe allí, que no se repite con nadie más. Por eso necesitamos reconocer su importancia; no por jerarquía, no por méritos, sino por el vínculo en sí mismo, por la singularidad de ese lazo. Desde ahí, el respeto deja de ser un mandato y empieza a ser un gesto de cuidado mutuo. Si logramos entender todo esto, si logramos desenredar la confusión cultural que rodea al término, nos damos cuenta de que, cuando alguien nos dice: «Me faltas al respeto», no siempre está usando esas palabras para imponerse. Muchas veces lo que quiere es que reconozcamos su necesidad, su fragilidad, su importancia como ser humano. Entonces podemos responder de otra manera, no desde el miedo al castigo, sino desde el reconocimiento real. Reconocemos al otro como alguien diferente y valioso por existir, reconocemos su vulnerabilidad como parte de lo humano y, al mismo tiempo, reconocemos que nosotros también la tenemos, que también estamos expuestos y que en ese espejo podemos encontrarnos.

En lugar de pedir respeto, quizá podríamos decir: «Pido que me reconozcas como persona con sus vulnerabilidades, pero sobre todo con la necesidad intrínseca de sentirme parte de nosotros como alguien útil». Mi invitación, en definitiva, es ver la palabra «respeto» como una llave que abre posibilidades.

La razón

Después de haber desmantelado el respeto, nos encontramos con que también el hecho de querer tener razón suele generar el conflicto. Un amigo me contó hace unos días que se topó con un estudio que analizaba —mediante las edades, las culturas, los estados socioeconómicos, etcétera— qué hace que las parejas duren y no se rompan. Uno de los resultados favorables fue precisamente la gestión de tener razón, y concluía que cuanto más se cedía la razón al otro en temas del día a día, en los que la seguridad individual no estaba en riesgo (por supuesto), mejor se llevaban las parejas y se entendían. Así que veamos qué sucede con la razón y por qué genera tanto conflicto sin dejarnos salir de él o repararlo sin rencores.

Cuando nos acercamos a la palabra «razón», parece que estemos entrando en un terreno minado, porque, aunque suene a concepto abstracto y frío, en realidad penetra en lo más íntimo de lo humano, hasta el punto de convertirse en una de las principales fuentes de conflicto en la vida cotidiana. Pensemos en una discusión de pareja, en un debate político o en un desacuerdo en el trabajo. En todos ellos, más allá del tema en cuestión, lo que se disputa es el derecho a decir (o insinuar con palabras y gestos): «Yo tengo razón». Y claro, cuando cada persona quiere sostener su postura, lo que aparece como obstáculo no es tanto la diferencia de ideas como la forma en que estas sostienen la identidad. **Defender la razón es defenderse a uno mismo, porque si lo que pienso resulta ser falso o erróneo, entonces aparece una pregunta incómoda: ¿quién soy yo si mi manera de entender el mundo estaba equivocada?** Aquí podemos observar que es la razón en sí misma la que sostiene la identidad, y, como dijimos en la introducción, una de las principales causas de los conflictos es la protección de la identidad que creemos tener.

Es justo entonces cuando aparece el miedo a perder valor, a tener menos importancia, a descubrir que la identidad que creemos estable está sostenida en algo que en absoluto lo es tanto. Por eso, cuando uno siente que no tiene razón, se activa esa necesidad casi visceral de justificarse; no se trata solo de perder un argumento, sino de sentir que uno mismo queda desarmado frente al otro. Y, como la propia expresión insinúa, «tener razón» implica que el otro no la tenga, de modo que la discusión se convierte inevitablemente en una batalla de posiciones en la que, en apariencia, siempre habrá un vencedor y un derrotado.

El conflicto se alimenta de esa estructura binaria que la razón propone, porque defender mi postura significa negar la tuya. Cabe preguntarse, pues, si realmente vale la pena que nuestras reacciones sigan girando en torno a la idea de quién tiene razón, cuando en el fondo lo que hacemos es proteger un relato de nosotros mismos que hemos ido creando con recuerdos, experiencias y creencias que no son más que una memoria reconstruida.

La paradoja es que, cuanto más luchamos por tener razón, más nos alejamos de la posibilidad de resolver el conflicto, porque nos quedamos atrapados en una especie de duelo entre identidades que defienden su valor.

Como la identidad se sostiene por esas ideas que cada uno defiende, quien pierde el duelo de la razón se autopercibe como alguien de menos valor. Ese riesgo hace que tu cerebro más primitivo active el modo defensa y luche por «tener razón».

Quizá el camino no sea seguir buscando tener la razón, ni tampoco regalarla al otro como un gesto de falsa concesión, sino atrevernos a soltar esa necesidad, porque en el momento en que yo te quito la razón, inevitablemente se activa tu amígdala e interpretas el desacuerdo como un ataque directo a tu identidad. No discuto ya con tus ideas, sino con tu sensación de ser, y de ese choque resulta muy difícil que surja el entendimiento.

Sin embargo, si miramos de cerca, las palabras que cruzamos en un conflicto no son cuchillos que hieren la identidad, sino intentos imperfectos de expresar las emociones y las interpretaciones. La discusión entre una pareja por quién dejó la puerta abierta a veces esconde la sensación de no sentirse cuidado. En una pelea de dos amigos que recuerdan de forma distinta un episodio se encuentra en ocasiones el miedo de uno a que su memoria, y con ella su valor, se tambalee. En todas estas escenas, lo que se defiende no es tanto la verdad de los hechos como esa construcción frágil de lo que creemos ser. Por eso tiene poco sentido hablar de quién tiene razón, porque esa búsqueda no resuelve nada, solo alimenta la confrontación.

La salida podría estar en desplazar la razón del terreno privado a un espacio común, algo así como una razón intermedia que no pertenece a ninguno, pero que nos sostiene a ambos. Esa razón compartida se compone de la capacidad de reconocer que detrás de cada defensa acalorada hay una vulnerabilidad profunda, el miedo a que la identidad se desmorone. **Cuando logramos ver esa fragilidad en el otro, deja de tener sentido interpretarlo como un ataque personal, porque entendemos que esa reacción no va contra nosotros, sino que es una de las pocas maneras que tenemos de expresar miedo, malestar o sufrimiento.** Y digo «pocas maneras» porque las palabras pueden acercarse ligeramente a poder expresar una emoción, pero, al estar bajo la influencia de esta emoción, las formas son limitadas y, en consecuencia, las palabras también.

El problema es que, cuando estoy empeñado en demostrar que tengo razón, dejo de escuchar. Hacerlo de verdad requiere salir del modo defensivo, pero la amígdala no lo permite; me pone en guardia, me cierra. Y, si no escucho al otro, no puedo pretender llevar la razón, porque ¿cómo voy a sostener que la tengo si ignoro la información clave que el otro me ofrece? Sería como querer resolver un rompecabezas con la mitad de las piezas escondidas. En el trabajo lo observamos a menudo: alguien interrumpe a su compañero porque cree saber adónde se dirige, pero en ese gesto pierde los matices que podrían haber cambiado el sentido de la conversación. Si, en lugar de eso, me detuviera a escuchar de verdad, podría al menos analizar con más calma qué parte de mi visión se sostiene y cuál no. Pero incluso ahí sigue existiendo una limitación, porque hablar de tener la razón siempre me coloca frente al otro en oposición. Cuando comprendemos que ese yo que defendemos con tanto empeño no es fijo, que no merece la pena protegerlo de las palabras porque está en constante reconstrucción, el conflicto se suaviza.

El gran cambio ocurre cuando dejamos de esperar que las palabras expresen con fidelidad lo que sentimos, porque en pleno conflicto se transforman en armas defensivas. En una discusión de pareja, es habitual que uno diga: «Es que siempre me ignoras», cuando en realidad lo que quiere expresar es: «Me siento inseguro porque necesito que me prestes más atención». Pero esa traducción no aparece porque la amígdala ha tomado el control. Y entonces el otro, al recibir ese «tú siempre», se siente acusado y se activa, y la discusión escala. Es un mecanismo en cadena: mi modo defensa activa el tuyo y, al final, los dos estamos atrapados en un fuego cruzado que no tiene nada que ver con el contenido real de la discusión.

Quiero terminar la reflexión de este concepto diciendo que **discutir mejor no significa aprender a tener la razón con más habilidad, sino aprender a soltar la necesidad de tenerla y atrevernos a escuchar lo que hay debajo de cada defensa, la nuestra y las de los demás.** Quizá esa sea la verdadera razón que debamos tener.

Juzgar, opinar y criticarse

El juicio es lo primero que hace el cerebro para sobrevivir. Juzgar no es más que observar y calcular si un estímulo exterior resulta peligroso o no. Es una herramienta biológica de predicción que nos acompaña desde que el ser humano empezó a caminar y necesitó distinguir qué podía poner su vida en riesgo. **No juzgamos porque seamos malas personas, sino porque necesitamos saber hasta dónde acercarnos y qué distancia debemos guardar.** El juicio es natural, inevitable, forma parte de nuestro sistema de alerta. Lo que duele no es el juicio en sí, sino la interpretación que hacemos de él, el modo en que nos lo creemos, en que pensamos que nos define por completo.

El juicio externo, es decir, el que puedan tener los demás de ti, activa tu juicio interno, pone en duda la autopercepción y el valor que crees tener dentro de un grupo. Vivimos en entornos donde no siempre se nos permite el error, donde mostrar debilidad puede costarnos la aceptación, donde la vulnerabilidad se interpreta todavía como un signo de fragilidad y no de humanidad. En esos espacios, juzgar no es solo una opción, es una estrategia. **En un entorno percibido como hostil, el juicio funciona como un mecanismo de** defensa, una brújula que intenta orientarte para descubrir con quién puedes estar a salvo y con quién no. El problema es que este mecanismo tan natural está contaminado por el prejuicio, que no es biológico, sino cultural. No somos buenos juzgando porque prejuzgamos a partir de ideas socioculturales. Hemos heredado códigos morales, normas y expectativas que determinan lo que se considera correcto, lo normal, lo aceptable, lo que enorgullece y lo que avergüenza. Juzgamos con los ojos de una sociedad que nos enseñó que solo hay una manera de ser válidos, una forma de estar en el mundo.

Cuando el juicio se dirige hacia dentro, cuando eres tú quien se juzga, aparece una comparación constante con una versión ideal de ti mismo, un modelo de perfección que alguien te vendió y que compraste de forma consciente o inconsciente y nunca consigues alcanzar. Ese «yo ideal» se convierte en tu competidor directo y te hace sentir insuficiente, porque el juicio no es más que una generalización imprecisa. Juzgarse a uno mismo es mirar la diferencia con respecto a la norma y convertirla en un error; no en un matiz o en humanidad, sino en puro error. Pero hemos de tener en cuenta que un juicio nunca es exacto, porque nunca conocemos todos los factores que explican un comportamiento. Solo sabemos una parte de la historia, jamás la historia completa. Por eso, cuando alguien nos juzga, tratamos de explicar, de justificar, de hacer entender al otro los motivos que nos llevaron a actuar como lo hicimos, con la esperanza de que cambie su juicio. Queremos que nos mire desde una comprensión más amplia porque intuimos que, si conociera el contexto, si supiera lo que había detrás, emitiría otro juicio tal vez más justo, tal vez más humano. Cuando decimos: «No me juzgues», en realidad estamos pidiendo que no nos etiqueten como si fuéramos solo eso, como si una escena nos hubiera definido para siempre.

El juicio es una foto fija, el fotograma de una película en movimiento. Juzgar es natural, sí, pero creer que ese juicio define la identidad completa de una persona nos condena a la incomprensión. El juicio no te dice quién eres, sino dónde estás, te indica el punto exacto en el que te relacionas con el otro y te ayuda a predecir si ese encuentro es seguro o no y si seguirá siéndolo. El juicio, entendido así, es solo una forma rudimentaria de buscar protección; si lo cargamos de moral, si lo convertimos en la medida del valor propio o ajeno, se transforma en una barrera que nos separa, y ahí entra en escena la crítica.

Unida al juicio, suele estar la crítica, una reacción que se activa cuando algo no es como esperábamos o creemos que debía ser. La emoción que sentimos ante esa diferencia ya es una forma de crítica, ya que influye en tu lenguaje corporal con una expresión o una mirada. Pero cuando la expresamos con palabras, concretamos el desacuerdo con los recursos lingüísticos y, dependiendo de desde dónde hablemos, la crítica puede adoptar el tono del enfado, la tristeza, la frustración o el asco, entre otros. La crítica desde el enfado se suele interpretar como un ataque, mientras que desde la tristeza se puede entender como una acusación de culpabilidad. Aquí hay algo clave:

Las emociones de los demás nos provocan emociones propias, pero, si nadie las reconoce, el diálogo se convierte en un eco infinito de heridas.

En el fondo, ni uno ni otra son destructivos por naturaleza, son intentos de expresar un malestar, de poner en palabras lo que algo nos hace sentir. Como nos expresamos desde lo que sentimos, escogemos las palabras para expresar la frustración desde la frustración, y, obviamente, eso hace que los términos seleccionados no sean los más neutros o amables. Entonces es cuando se reciben como un ataque, y no solo por la energía con la que se transmiten, sino también por las connotaciones que las acompañan. Nos cuesta tanto recibir una crítica porque el cerebro reacciona ante ella en las mismas zonas donde se registra el dolor físico. Es decir, ser criticados nos duele porque activa el mismo mecanismo que nos alerta ante un daño físico real.

Lo más difícil es recordar que toda crítica, por destructiva que parezca, habla más del mundo emocional de quien la emite que del valor de quien la recibe. Lo más sabio, pues, es que uno de los dos dé el paso de comprender lo que el otro siente para no quedar preso en la trampa de sentirse una víctima. Si observamos bien, juzgar, opinar y criticar son parte de una misma secuencia. Al observar, emitimos un juicio automático; ese juicio es en sí mismo una opinión, y cuando lo expresamos, se transforma en crítica. En realidad, todo el mundo opina, incluso quien dice: «Yo no opino». La diferencia está en si lo expresa o no y, por supuesto, desde qué emoción lo hace. Algunas frases —como: «Nadie te ha pedido tu opinión»— suenan a una orden de silencio, pero la paradoja es que opinar, juzgar y criticar son funciones inevitables del pensamiento humano. No se trata de eliminarlas, sino de comprender que son inevitables y observar desde qué lugar las hacemos. Nuestra identidad se construye dentro de un marco sociocultural, educativo y emocional que define cómo percibimos el mundo; lo que para uno es de sentido común, para otro puede resultar absurdo. **Llamamos «sentido común» a lo que más bien es aprendido, y al defenderlo creemos estar protegiendo una verdad universal.** Así **nacen los conflictos, cuando confundimos nuestras referencias culturales con las verdades absolutas que llevan la careta del «sentido común».**

Creamos enemigos donde solo hay diferencias, y cuando no encontramos un enemigo fuera, lo inventamos dentro. Nos convertimos en nuestro propio depredador y nos juzgamos, nos exigimos, nos culpamos, reproduciendo internamente esa cultura del conflicto que se originó en el exterior. Hemos aprendido a vernos con los mismos ojos con que temíamos ser vistos y a tratar nuestro error como una amenaza. Así, los términos «juzgar», «opinar» y «criticar» han adquirido una connotación negativa y nos ponen en alerta, nos reactivan tanto el miedo al rechazo como la necesidad de defendernos. Pero tenemos que integrar que el juicio no es el enemigo, lo es la interpretación que hacemos de él. No entendemos la crítica como un espejo, sino como una agresión. **Es habitual que no usemos la opinión como un punto de encuentro, sino como una trinchera; intentamos defendernos a toda costa, pero protegernos tanto nos aísla.** Es un aislamiento y una soledad tremendamente pesados, porque, pese a estar más conectados que nunca gracias a la tecnología, también nos hallamos más desconectados que nunca, ya que la desconfianza y la autodefensa siguen dictando las reglas de nuestra convivencia.

Sin embargo, tanto en el trabajo como en la pareja o entre amigos, la crítica y la opinión podrían ser una oportunidad de entendimiento si lográramos bajar la guardia, si dejáramos de relacionarnos desde la defensa y generásemos interés por saber qué opina realmente la otra persona, qué hay (o puede haber) de verdad detrás de según qué palabras.

Quizá el cambio no consista en dejar de juzgar, sino en transformar la intención del juicio. En vez de utilizarlo para clasificar y excluir, deberíamos usarlo para comprender; en vez de emitir una opinión como si fuera una sentencia, deberíamos expresarla como una pregunta; en vez de reaccionar a una crítica, deberíamos traducir la emoción que la origina. Si lográsemos traducir esa emoción, neutralizar el tono y no quedarnos en la forma, podríamos rescatar el mensaje y ver que incluso un insulto contiene información sobre un malestar que se ha generado debido a un acto cometido. Esto exige un tipo de madurez colectiva, la de quien elige entender antes que defenderse, no la de quien lo soporta todo. Porque cuando ambas partes se defienden, la conversación se convierte en un campo de batalla, pero cuando una decide escuchar, el conflicto se transforma en diálogo.

Creo que el modo defensa es el gran obstáculo de nuestro tiempo. Lo vemos en el ámbito laboral, cuando un compañero interpreta una observación como un ataque; en el familiar, cuando una crítica se recibe como una traición; en el afectivo, cuando una diferencia se siente como un rechazo. Y lo peor es que, al mantenernos en defensa constante, reforzamos la idea de que los otros son peligrosos y nos volvemos cada vez más incapaces de construir una comunidad. Lo urgente no es que dejemos de opinar o criticar, sino que creemos espacios seguros en los que esas opiniones y críticas no sean amenazas, en los que el error no se penalice, en los que la vulnerabilidad no se castigue, en los que podamos hablar desde la emoción sin convertirla en un arma. **Necesitamos salir de la cultura del conflicto para entrar en la cultura de la cooperación.**

La crítica constructiva y la destructiva no son dos categorías opuestas, sino dos momentos distintos de una misma necesidad, la de expresar. Toda crítica nace de una emoción, y si esta se expresa sin contención, suena violenta; si se traduce con calma, se vuelve constructiva. Pero ambas nacen del mismo lugar, de la necesidad humana de ser comprendidos. Es obvio que toda relación, sea de pareja, amistad o trabajo, se construye en la interacción constante de juicios, opiniones y críticas. No podemos evitarlo, pero sí podemos elegir cómo los usamos, porque somos capaces de convertirlos en murallas o en puentes. El juicio puede seguir cumpliendo su función biológica de prever el peligro, pero necesitamos aprender a distinguir entre lo que es un peligro real y lo que tan solo es una diferencia, entre lo que nos amenaza y lo que simplemente nos incomoda. Solo así podremos dejar de inventar enemigos y empezar a reconocer matices. En el fondo, juzgar, opinar y criticar no son defectos humanos; no se trata de anularlos, sino de humanizarlos. Al hacerlo, también lograremos que el conflicto deje de ser traumático y empiece a resultar constructivo.

A continuación, te daré una recomendación concreta para poder mirar y abordar el juicio desde otro estado. En lugar de responder desde la defensa, hazlo desde la pregunta: ¿qué emoción hay detrás de esto que me dices?, ¿qué historia estás intentando contarme con tu crítica?, ¿qué podemos aprender los dos de este desacuerdo para estar mejor juntos? Solo así salimos del ciclo de la defensa, que parece una sucesión de ataques, y empezamos a crear una cultura del diálogo. Una en la que el juicio ya no sea una condena, la opinión no se convierta en una trinchera y la crítica no responda a una herida, sino que constituya una forma de acercarnos. Y justo en este punto habría que revisar qué son el valor y el respeto, esas palabras que tanto se activan en nosotros cuando discutimos.

Las expectativas

Otro de los conceptos que genera mucho conflicto de forma indirecta son las expectativas, omnipresentes en cualquier relación familiar, de pareja, laboral o de otra naturaleza. Como probablemente sepas, consisten en esperar que las cosas se ajusten a la manera en que imaginamos o creemos que deberían suceder. En otras palabras, se trata de un deseo proyectado hacia fuera que a menudo no distingue entre lo que queremos y lo que en realidad está ocurriendo. Y entonces aparece la comparación como un elemento central, porque no somos seres aislados que hemos inventado nuestra identidad en un vacío, sino que nos hemos formado en contacto y comparación con los otros, con modelos socioculturales externos que después se convierten en referentes internos que moldean cómo esperamos que sea lo que vivimos.

Por un lado, las expectativas en sí mismas no son negativas *per se*, porque muchas veces resultan el impulso que abre un camino. Yo elijo un trabajo porque espero que me aporte algo más allá del sueldo. Y en las relaciones ocurre lo mismo, uno se acerca con la esperanza de que aquello que inicia cumpla con lo que espera que sea. El problema aparece cuando la expectativa está idealizada, cuando no se construye desde la realidad concreta, sino desde un tráiler imaginario cargado de emoción que engaña al pensamiento haciéndole creer que todo será exactamente como se lo imagina.

Por otro lado, vivimos rodeados de discursos sobre lo correcto y lo incorrecto, lo ideal y lo no ideal que nos llegan desde la psicología, la moral, el bienestar e incluso la publicidad. Por eso surge la comparación, y, al compararnos, adoptamos un molde de lo que debería ser. Puedo decir que busco a alguien inteligente, pero en realidad estoy usando una etiqueta parcial, porque nadie es inteligente en todo. En el plano físico, podemos creer que nos atrae un tipo de persona porque lo hemos decidido, cuando en verdad la moda y los discursos sociales han definido qué es sexy o atractivo. Y todas esas expectativas determinan el guion antes incluso de vivir la experiencia.

Vayamos un paso más allá. **El conflicto aparece no porque alguien tenga una expectativa, sino por la baja tolerancia a la frustración cuando la expectativa no se cumple.** Es más, al pensar que no se cumple, se desvaloriza todo lo que sí sucede. Así ocurre cuando alguien espera la penetración durante una relación sexual y, al no darse, considera que fue un fracaso, ignorando que hubo caricias, juegos, complicidad y momentos íntimos igualmente valiosos. Lo mismo pasa cuando alguien espera que su pareja lo sostenga tal como imagina —con las palabras perfectas, con la reacción precisa, con la validación que aprendió en un discurso psicológico— y se frustra al ver que el otro intenta aportar soluciones, en lugar de escuchar en silencio, porque su manera de responder es diferente, no por falta de amor. Es como una «desidealización» de lo que sí ocurrió y está ocurriendo, porque transformamos lo que pudo ser y es satisfactorio en decepción.

Aquí entran en juego las etiquetas socioculturales que sostienen subjetivamente cómo se supone que deben ser las cosas desde la interpretación ética instalada; por ejemplo, con lo que se supone que es una pareja, lo que se espera de un amigo o el rol que debería ocupar alguien cuando le damos valor a compartir la vida con él.

> Parece que estemos obligados a otorgar un nombre a la relación —pareja, matrimonio, amistad o amor libre—, pero al nombrarla o etiquetarla, la estamos limitando, y convertimos ese límite en expectativa.

Este mecanismo es clave porque, desde el momento en que decimos «amigo» o «pareja», empezamos a esperar ciertos actos ideales que mantengan en pie esa etiqueta y que no son otra cosa que expectativas. Entonces se inician los choques. Por ejemplo, cuando una de las dos partes exige que la prioricen en todo momento y que todo se comparta con ella (al formar parte de una pareja, asume que debe ocupar ese lugar de prioridad absoluta), vemos que muchas veces encuentra más alivio o comprensión en un amigo que en el otro miembro de la pareja. No sucede porque oculte cosas, sino porque el diálogo fluye distinto. Entonces quien espera esa atención exclusiva se siente herido al no ocupar todo el espacio de confianza, como si la pareja tuviera que encarnar lo ideal, lo perfecto, lo único. Es más, cada relación de pareja, amistad o familia es también un espacio terapéutico en sí mismo donde se trabajan cosas distintas, y esperar que una sola persona encarne la totalidad es fruto del romanticismo y de las etiquetas, reforzadas aún más por la exhibición de «parejas ideales» en las redes. Por eso conviene recordar que lo que esperamos del otro está condicionado cultural, social y hasta económicamente, como en las relaciones heterosexuales en las que todavía pesa la idea de que el hombre debe proveer, aunque, por supuesto, a muchas mujeres les atraen más otras cualidades como la inteligencia, el humor o la responsabilidad afectiva.

Algo muy valioso con respecto a las expectativas es pensar en nuestras amistades, porque en la amistad solemos poner menos etiquetas, esperar menos y tolerar más. Es una de las formas más sanas de relación, ya que nace del simple compartir sin exigir tanto, del pasar un rato juntos sin convertirlo en un juicio constante.

Si la amistad se transforma en pareja, aparece el cambio crucial: se pasa de disfrutar sin más a demandar, de simplemente estar a poner el foco en qué necesito yo y qué necesito del otro. La relación se vuelve un escenario de protagonismo personal en el que a menudo estamos saturados de mirarnos demasiado a nosotros mismos, cuando, resulta curioso, los mejores momentos ocurren cuando dejamos de estar tan centrados en el yo y tan solo disfrutamos.

Comprender lo expuesto en este capítulo ayuda a entender por qué surgen conflictos de la nada, ya que casi siempre nacen de expectativas ligadas a etiquetas. Y, además, en un tiempo tan individualista como el actual, en el que parece que todo se mida en respeto, valor y razón personales, aumenta la exigencia de que la pareja sostenga la identidad ideal creada en el enamoramiento. Biológicamente sabemos que esa fase se apaga y da paso a la costumbre, sin que eso signifique por fuerza un problema, aunque la expectativa haga sentir que lo es.

Como conclusión, propongo aprender a convivir con la expectativa no cumplida, a aceptar la frustración que acarrea y a reconocer lo que queda fuera de ese molde, porque muchas veces lo que desestimamos por no ser lo esperado resulta lo más valioso para disfrutar de la vida.

La confianza

La confianza es uno de los conceptos que más discusiones genera en las relaciones. Muchas veces la pensamos como un lugar sólido donde descansar, pero, si la miramos de cerca, se nos muestra mucho más frágil y dinámica, casi como un contrato invisible que firmamos sin darnos cuenta en los inicios de una relación (la que sea). **Lo interesante es detenernos en la palabra misma: «con-fianza». Ese «con-» no es solo un prefijo, es la señal de que la confianza nunca es individual, sino que aparece siempre «com-partida».** Se trata de un proceso de «co-laboración» en el que me atrevo a mostrarte mis vulnerabilidades, mis expectativas y los acuerdos implícitos que nacen de las etiquetas que usamos: «Somos pareja», «somos amigos», «somos un equipo». Es compartir nuestra felicidad, lo que sostiene nuestro bienestar, lo que otorga la responsabilidad compartida de que se está a cargo de una parte del otro y viceversa. Por eso resulta tan necesario conocer qué significa este concepto para cada persona: ¿qué expectativas tenemos?, ¿cómo imaginamos que se encarna en lo cotidiano?

Una conversación inicial sobre nuestras expectativas acerca del rol en el vínculo en cuestión podría ahorrarnos muchos conflictos destructivos, porque se pondrían sobre la mesa los términos desde los que se sostiene la confianza. Es como firmar un contrato en el que se ha leído la letra pequeña. Sí, puede sonar raro que de repente dos personas enamoradas se pongan a analizar esto, como si el amor se pudiera apagar por el mero hecho de hablarlo, pero empezar así hace que esa relación en sí misma te eduque sobre cómo funcionan las relaciones, y así puedes gestionarlas mejor a corto y a largo plazo. Se trata de hablar de las vulnerabilidades que no nos hacen tan perfectos, a pesar de que nos vean así, de conversar por el simple hecho de cocrear unas herramientas que nos ayuden a que no se convierta en una relación tóxica. Por ejemplo, puede hablarse de qué pasa si miro a otra persona, qué sucede si empezamos a discutir mucho en un futuro y qué plan de acción aplicamos, qué hacemos cuando comiences a no soportar lo que hoy tanto te agrada... Consiste en hablarlo con curiosidad y dando por hecho que ninguna de las dos partes tiene intenciones malvadas, sino que estas se forman precisamente por no conversar sobre esos temas que hoy se nos podrían estar escapando. Se trata de crear ese espacio en que la vulnerabilidad sea entendida y exista tolerancia al error y a la debilidad, a no ser como se supone que soy todo el rato. Más que confianza, existe aceptación de la vida y sus sucesos para que, si hay un momento en que la relación no funciona, veamos qué hacer con la seguridad de haber cocreado algo único y dotado de todas las herramientas que hemos establecido juntos para arreglarlo, puesto que buscamos el beneficio mutuo, no solo el individual. Sin embargo, la interpretación, o al menos el uso que hacemos de la confianza, solo busca el beneficio individual en la mayoría de las ocasiones, así que tiene poco de «con-» y mucho de «fianza», de fiar, de dar al otro toda la responsabilidad de sostener esa imagen ideal que creemos tener junto a la otra persona.

La confianza tiende a vivirse como un contrato de eficacia: confío en ti y eso supone que vas a cumplir lo que creo que acordamos, aunque nunca lo hayamos hablado de forma clara. Yo puedo pensar: «Confiaba en que me ibas a priorizar» o «confiaba en que me lo contarías todo», cuando quizá nunca dijimos esas palabras y para la otra persona ese no era un requisito esencial. Así aparecen las decepciones, no tanto porque haya una intención de engañar como porque cada uno está operando en términos y condiciones distintos. A esto se suma que solemos firmar ese contrato en momentos identitarios muy concretos, como el enamoramiento, en los que la expectativa es máxima. Inmerso en esa intensidad, yo puedo confiar en que me vas a amar siempre del mismo modo, que me pondrás por delante porque «así debe ser», pero con el tiempo las personas cambian, sus prioridades se reordenan y sus energías fluctúan, y, sin embargo, la confianza exige que lo que se ha firmado implícitamente se mantenga en el tiempo. Entonces aparece la rigidez; pedimos eficacia constante en algo que por naturaleza es variable, y cualquier debilidad o error en la aplicación de las condiciones que sostienen esa confianza se percibe como una traición. Lo curioso es que cuando alguien falla en esos términos, no suele hacerlo por maldad; muchas veces es consecuencia de un cansancio, de una vulnerabilidad, de un momento emocional bajo, incluso de una distracción. En lugar de caer en la cuenta de que es algo natural, solemos interpretarlo como una agresión personal, como un acto calculado, sin mirar el trasfondo humano que lo origina. Y de este modo se produce la trampa, porque convertimos a la persona en culpable absoluta sin mirar las condiciones que la llevaron a fallar, como si un olvido, un descuido o una debilidad fueran equivalentes a una traición consciente. La confianza se vuelve entonces tremendamente exigente. A pesar de que se construye con tiempo, gestos y paciencia, puede quebrarse en un instante y, cuando eso ocurre, su reconstrucción exige todavía más esfuerzo, como si la vara de medir se volviera aún más dura.

Lo paradójico es que confiamos porque queremos compartir nuestra fragilidad, porque necesitamos que alguien más sostenga con nosotros una parte de nuestra felicidad, pero en ese gesto hermoso se esconde también el riesgo: si fallas, siento que me dejas caer. Es como si la confianza fuera depositar una parte de mi estabilidad en tus manos; por tanto, cuando tropiezas, no solo se tambalea tu compromiso, también lo hace mi paz. Por eso duele tanto. Sin embargo, como la vida está hecha de errores, debilidades y cambios, lo que suele suceder es que, para no perder esa confianza, terminamos ocultando, maquillando o directamente mintiendo. No porque queramos manipular al otro de manera calculada, sino porque tememos que, si mostramos la verdad —ese error, ese límite, esa contradicción—, la otra persona dejará de vernos como alguien valioso en su propio sostén emocional.

Ahí es donde se abre la puerta a la siguiente pregunta:

Si la mentira surge muchas veces del miedo a perder la confianza, ¿no será que, más que pensar en cómo sostenerla como un contrato rígido, necesitamos aprender a habitarla con flexibilidad y a aceptar que confiar no es exigir la perfección, sino ofrecer espacio a la vulnerabilidad y al error como consecuencias directas de la vida?

Voy a descubrirte un mensaje implícito en esta situación. Al concebir la confianza como un contrato de eficacia, lo que está en juego no es solo el vínculo, sino también la identidad. Cuando alguien deposita la confianza en nosotros, sentimos que nos otorga valor, y ese valor se convierte en parte de lo que creemos ser dentro de la relación, ya sea como pareja, como amigo íntimo o incluso como compañero de trabajo. Por eso surge la necesidad de proteger esa identidad, de sostenerla sin grietas, lo que se traduce en querer evitar errores, debilidades o contradicciones, como si mantener intacta la confianza exigiera resistir nosotros mismos en pie. ¡Y ahí es donde aparece la mentira! No siempre como un acto consciente de manipulación, sino como una estrategia de supervivencia. Desde fuera puede sonar simple: es mejor decir la verdad, aunque duela, que ocultarla; desde dentro, la experiencia es mucho más compleja, porque admitir un fallo no es solo reconocer un error concreto, es tocar de frente tanto la identidad como el valor que el otro nos ha otorgado. Decir «he fallado, no he cumplido con lo que esperabas de mí» activa la vergüenza y un miedo profundo a perder el lugar que ocupamos en la relación, a dejar de ser importantes. El miedo activa los mecanismos primitivos de protección en el cerebro, que prefieren el encubrimiento al riesgo de perder el vínculo que haría que tu autopercepción de valor se viera afectada. La mentira se vuelve entonces una herramienta incómoda pero útil para sostener la importancia que creemos tener a ojos del otro.

Una alternativa es transformar ese «contrato de confianza» en uno de aceptación. No se trata de sostener una imagen impecable, sino de abrir un espacio seguro en el que la vulnerabilidad pueda mostrarse sin miedo. Imaginemos que en una pareja alguien pudiera decir desde el principio o incluso en plena relación: «Soy humano, cometo errores, cambio con el tiempo, a veces me siento inseguro o débil y necesito saber que contigo puedo hablar de todo esto sin que lo vivas como un ataque». Ese terreno compartido no elimina los fallos, pero cambia el modo de interpretarlos; lo que aparece ya no se lee como una traición calculada, sino como la expresión de la fragilidad inherente a ser una persona. Yo no decido un día dejar de sentir celos o inseguridades, igual que tú no decides cuándo te llega un bajón emocional o un cansancio inesperado. La vida nos atraviesa, nos cambia, y la confianza rígida no tiene en cuenta esa plasticidad inevitable. Ese tránsito de la exigencia a la aceptación no solo transforma la confianza, también abre la puerta a un tipo de responsabilidad distinta, menos individualista y más compartida.

Y esa idea nos lleva al siguiente capítulo, donde entraremos de lleno en la responsabilidad compartida.

La responsabilidad

Un concepto que genera mucho conflicto, aunque se use casi de manera automática o poco consciente, es el de responsabilidad. ¿Qué ocurre realmente con la responsabilidad? Se supone que todos debemos tenerla, que implica asumir de alguna manera ese poder, esa habilidad de autocontrol, de toma de decisiones, de saber ajustarse a las consecuencias de la vida. Y cuando trasladamos esta idea a una relación, parece que ser responsables es saber tomar las mejores decisiones, sostener el autocontrol para cuidar el vínculo y mantener viva esa confianza que tenemos como pareja. Como decíamos en el capítulo anterior, la confianza funciona como un contrato que cocreamos el uno con el otro, un acuerdo que sostiene tanto el bienestar propio como el de la otra persona. Sucede que, en una relación, se nos pide asumir esa responsabilidad, y ello implica reconocer los errores, asumir las debilidades y, si somos eficaces siendo responsables, evitar las actitudes que puedan ser interpretadas como tóxicas o dañinas (mentir, manipular, atacar, culpar).

Entonces aparece el término «culpar», y con este la pregunta inevitable: ¿cuál es la diferencia entre responsabilidad y culpabilidad?

La responsabilidad es lo que te activa, lo que te mueve a responder frente a los hechos; es asumir lo ocurrido y tener la intención de cambiar lo que provocó esa situación para que no vuelva a ocurrir. La culpabilidad, en cambio, es lo que te deja pasivo, atrapado, haciendo de ti una víctima permanente. Podría decirse que la culpabilidad te encierra en la parálisis y la responsabilidad te saca de ella para colocarte en el lugar de quien crea, de quien avanza, de quien acepta lo sucedido para aprender e intentar seguir adelante.

Sin embargo, muchas veces la responsabilidad se convierte en una especie de contrato rígido en el que tenemos que cumplir con la confianza dada, aunque nos encontremos en un estado vital en el que no queremos —o no podemos— sostener esa carga. No es solo cuestión de que «no me apetezca»; en ocasiones, ser responsable va en contra de lo que siento que necesito en ese momento, como si la responsabilidad formara parte de una identidad fija que no varía y que no toma en cuenta la flexibilidad de la vida. Yo puedo querer, dentro de la pareja, ser la persona que tiene la fuerza de gestionar, la que sabe sostener la relación y sus conflictos o, si mi pareja está pasando por un periodo complicado emocionalmente, la que debe ser responsable de la gestión familiar de una manera activa, pero hay días en que me despierto sin fuerzas, desganado, sin motivación, porque lo que hemos cocreado como pareja hace que hoy no encuentre energía. Y eso no es malo, es normal. Pero como soy el responsable, y mi identidad es esa, me obligo. Me esfuerzo en mantener una identidad responsable, aunque en realidad lo que necesito es parar, descansar, soltar. Y ese esfuerzo me conduce a renunciar a partes de mí de las que no debería prescindir, me lleva a aplicarme un ideal de personaje que no soy en ese instante, incluso a hacerme daño, a herirme por continuar con deber que me oprime. Esto, cuando lo trasladamos a un contexto laboral, se entiende con mayor facilidad. Si en un trabajo existe un contrato por escrito que me otorga unas funciones específicas, y por eso confían en mí, cumplo mis tareas también cuando no me siento bien, incluso yendo enfermo a trabajar, porque sé que dependen de mí esas áreas de la empresa que están bajo mi responsabilidad. Pero si tengo una enfermedad crónica o el contexto se vuelve tóxico —porque las personas con las que trabajo generan un ambiente de inseguridad y de estrés constante—, ser responsable me obliga a callarme y a guardarme lo que siento; es decir, aplico el cambio que necesito para ponerme a salvo. Con el tiempo, se convierte en una herida que también se manifiesta en el cuerpo, porque estoy cargando con algo que no puedo expresar. En un empleo, cuando la situación se alarga, intentamos modificarla y hablamos con el jefe o buscamos un cambio de puesto; si nada funciona, nos vamos. Así pues, aceptamos que la responsabilidad laboral puede implicar un sacrificio temporal, pero también que tenemos derecho a marcharnos si deja de ser sostenible.

En la pareja, en cambio, no funciona igual. En el amor se nos ha enseñado que «tenemos que estar bien» y que la responsabilidad es permanente. Y, claro, yo puedo tener la responsabilidad de cuidar de mi hijo todos los días, pero también llega un día en que me siento agotado y necesito compartir esa carga con mi pareja o con alguien cercano. Hago un esfuerzo, pero no siempre es suficiente. Y entonces entra en escena algo fundamental: la necesidad de una responsabilidad compartida. **La responsabilidad compartida nos saca del modelo individualista en el que no se permite la debilidad ni el error.** Yo puedo ser muy responsable, pero también necesito permitirme fallar, necesitarte, pedir ayuda. Si un día no puedo sostenerlo, que tú te ocupes de mí o que un amigo asuma un rato el cuidado de mi hijo puede ser lo que me dé el espacio para llorar, descansar o simplemente respirar sin sentir que todo depende de mí.

El problema es que solemos entender la responsabilidad como una armadura, cuando en realidad debería ser un acuerdo flexible que nos permita ser humanos y no dificulte la flexibilidad de la vida, la flexibilidad identitaria o la vulnerabilidad. En este punto aparecen otros términos que hoy se escuchan mucho: **«responsabilidad emocional»** y **«responsabilidad afectiva»**. La primera suele definirse como hacerte cargo de tus emociones sin proyectarlas sobre los demás, intentando no dañar con ellas a tu entorno. La segunda se entiende como la obligación de cuidar la manera en que tus actos afectan emocionalmente a otros. Pero en la práctica, tanto una como otra vuelven a colocarnos en un modelo individualista, ya que convierten la relación —al grupo, a la familia o a la pareja— en un espacio en que cada cual debe protegerse de las emociones del otro, como si estuviéramos aislados o como si el otro fuera un enemigo potencial. Pensemos en un niño que expresa su frustración con rabia y se le responde: «Contrólate, sé responsable de lo que sientes, no me hables así». Le transmitimos aislamiento, la sensación de que sus emociones no tienen lugar en el grupo. Y ese mismo niño, de adulto, repite la dinámica; siente que tiene que gestionarse solo, que mostrar las emociones es un peligro, porque incomoda o daña, y eso puede excluirlo.

Es un problema, porque nadie es un ente aislado. Todos dependemos de un colectivo, como, por ejemplo, los clientes que hacen que nuestra empresa funcione, los trabajadores que fabrican las máquinas que usamos o las comunidades que sostienen nuestra vida cotidiana. No tiene sentido pedir responsabilidad emocional o afectiva como una exigencia de aislamiento. Cuando alguien habla desde una emoción intensa, esa misma emoción ha reducido la actividad de su corteza prefrontal —la parte analítica y racional— porque el cuerpo ahorra energía y se centra en huir, atacar o quedarse inmóvil. Esa persona no necesita que le digan: «Contrólate, ten responsabilidad emocional»; necesita que alguien le dé sostén, que le pregunten: «¿Qué te pasa?, ¿qué necesitas para sentirte mejor?». La responsabilidad emocional bien entendida no es cargar en soledad con lo que siento, sino tener la responsabilidad y permitirme sostener mis emociones con ayuda del colectivo, del vínculo, del entorno. Cuando el otro me ofrece comprensión en lugar de reproche, yo también puedo hacer lo mismo por él; así es como la responsabilidad deja de ser una carga individual y se convierte en una responsabilidad compartida, colectiva, en un trabajo en equipo.

La clave está en traducir esos mensajes, en ver la vulnerabilidad que hay detrás de una expresión brusca o incluso irrespetuosa. Si la devolvemos con comprensión, el otro se siente apoyado y seguro, y ya no necesita defender una imagen ideal de sí mismo. Las personas cambiamos, evolucionamos. Si no actualizamos nuestras responsabilidades, corremos el riesgo de caer en rutinas que se vuelven tóxicas, entendiendo esto como aquello que se repite sin adaptarse a la vida y al contexto que evoluciona. No deberíamos tener miedo a comunicar que algo ha cambiado, que lo que siento es distinto, porque el valor no desaparece, se transforma. Lo que ayer nos unía tenía un valor y lo que hoy nos une tiene otro distinto, pero igualmente legítimo.

El problema es cultural. Nos han hecho creer que los vínculos se degradan cuando cambian porque ya no acogen la identidad idealizada que se supone que debían tener. Así pues, dejar de ser novios inseparables para ampliar el círculo de amistades y, quizá, pasar algo menos de tiempo juntos se vive como un fracaso, cuando en realidad es la prueba de que la relación está viva y respira. Pero la cultura del amor y el romanticismo nos empujan a dramatizar, a responsabilizarnos de mantener lo que ya no existe, a forzar las rutinas que hoy nos hacen daño, y solo porque «un día» las creamos y sentimos que debemos sostenerlas siempre.

Concluyamos entonces que ser responsables no debería consistir en cargar con lo que no queremos, sino cuidar juntos de que el vínculo sea un lugar en que ambos podamos estar bien, a pesar de los cambios que experimentemos y de las vulnerabilidades que podamos atravesar.

La comunicación

La comunicación pesa mucho. Lo tiñe todo. A veces me doy cuenta de que tiene una importancia enorme en nuestras relaciones, porque si no hay comunicación, ¿cómo podemos estar bien? De hecho, siempre se achaca a la falta de comunicación que algo no funcione, como si fuese el único motivo por el que una relación se deteriora o se rompe. Pero, en realidad, eso de «comunicarse» es mucho más complejo. No todos entendemos lo mismo cuando hablamos de comunicación. Los desencuentros surgen porque, aunque creemos que nos entendemos, cada uno está hablando desde un lugar distinto, desde una manera de percibir la realidad que no siempre coincide con la del otro. Es curioso que muchas veces no toca corregir el malentendido, sino aceptar que el otro entiende algo diferente, y no como un error, sino como una posibilidad.

Ahora bien, aunque lo que realmente hace alguien cuando abre la boca para hablar es intentar expresar lo que siente, no podemos obviar que la comunicación rara vez se atreve a ir directa al sentimiento. Parece íntimo, pero lo que sentimos no nace en soledad. Yo no siento como persona aislada del mundo, siento como ser humano que vive en un contexto. Creo lo que creo porque el entorno así lo dicta, porque aprendí a representar un papel que me permite funcionar ahí afuera. Todas las influencias culturales, familiares, sociales y simbólicas que me atraviesan moldean lo que llamo «yo». Así que muchas veces lo que siento no es solo mío, aunque salga de dentro.

> Hablar, por tanto, no es solo decir lo que siento; es también reconocer que lo que siento está condicionado por lo que me rodea.

Es parecido a cuando te sale un grano en la piel; no aparece porque sí, sino porque hay algo en el ambiente o en el cuerpo que lo empuja a salir. Con la emoción sucede igual. Las palabras con las que intento nombrar lo que me pasa están llenas de contexto, de historia, de sentido aprendido. No es tanto que hable mal como que el lenguaje mismo ya viene contaminado, lleno de capas, de connotaciones que no controlo. Por eso, la comunicación no es un intercambio limpio, es una maraña de significados en la que lo que digo y lo que el otro entiende nunca coinciden del todo. Y, sin embargo, la cultura en la que vivimos nos presiona a medir la comunicación por su eficacia. Como si hablar fuera un trámite, un mecanismo para llegar a un entendimiento perfecto. Se supone que, si hablamos el mismo idioma, deberíamos comprendernos. Pero esa es una de las raíces más profundas del conflicto: la idea de que entender es reproducir con exactitud el pensamiento del otro. En realidad, cada persona interpreta el mundo desde su historia, desde su biografía emocional, desde lo que ha aprendido a considerar válido.

Yo lo descubrí de una forma muy concreta. Viví un tiempo en Vietnam con mi compañera, y solíamos pasar ratos con personas del país que no hablaban inglés. Nosotros no sabemos vietnamita, así que nos comunicábamos con gestos, risas, palabras sueltas y mucha improvisación. Lo curioso es que, cuando había malentendidos, no se vivían como un fracaso, sino como algo divertido: «Ah, no era esto, era esto otro. Mira, perdón, nos fijamos mal». Esa falta de idioma común nos proporcionaba una flexibilidad preciosa, una especie de permiso para equivocarnos sin que pasara nada grave. Y ahí comprendí algo que me marcó: cuando compartimos el idioma, la comunicación puede volverse mucho más rígida. Parece que exista la obligación de que el otro entienda todo exactamente igual que yo, como si la diferencia fuera una falta de respeto.

Por supuesto, cuando esto no sucede, cuando no me entienden como yo quiero, se activa un mecanismo muy profundo, el miedo a no pertenecer. Porque en el fondo, cuando quiero que me entiendan, lo que estoy pidiendo es sentirme parte, sentir que lo que digo tiene sentido para el otro y que lo que soy no está fuera del grupo. Es un deseo de integración, no de precisión. Cuando el otro no me entiende, o no lo hace de la manera que yo espero, no lo vivo como una diferencia de percepción, sino como una amenaza a mi valor, como si me dijera que no tengo un sitio. Y entonces aparecen todas las reacciones emocionales que conocemos: la defensa, el ataque, la huida… Porque sentir que no te entienden duele, y ese dolor tiene una raíz muy antigua: la exclusión. Si no me entienden, siento que corro el peligro de quedarme solo, fuera del grupo. Por eso la emoción se enciende tan rápido. Es instintiva. Pero todos hemos vivido la situación contraria: también es instintivo lo que le sucede al otro. Cuando alguien nos ve mal, cuando nos ve dolidos, es normal que quiera ayudar, arreglar, aportar soluciones. Esa reacción, aunque a veces no la pidamos, también es una forma de cuidado. El problema surge cuando una parte necesita validación y la otra necesita reparar. Entonces ambos se frustran. Una persona siente que no la escuchan, y la otra, que no sirve de nada intentar ayudar. Pero nadie está haciendo algo mal. Son movimientos naturales, formas distintas de intentar sostener el vínculo. Lo que ocurre es que nuestra cultura ha otorgado una connotación negativa a quien intenta arreglar, como si eso fuera falta de empatía, cuando en realidad también es una manera de acompañar.

Creo que el primer paso para enmendar esta dinámica es crear un espacio en que todas las formas de percibir y comunicar sean legítimas, en que la diferencia no se viva como una amenaza. Si el otro entiende algo de una forma distinta, no significa que no te entienda a ti; significa que entiende desde su manera de ver las cosas. Y eso no es menos válido. Cuando pedimos entendimiento, lo hacemos desde la necesidad de apoyo, desde ese lugar sensible en que tememos que, si no nos comprenden, nos quedemos fuera. Por eso, cuando no llega el entendimiento, se refuerza la sensación de aislamiento y el cuerpo entra en modo alerta. Es normal. No somos raros por reaccionar así. Somos humanos.

Y justo entonces, cuando estamos en alerta, se vuelve más difícil comunicarse. Las palabras salen cargadas de emoción, de urgencia, de defensa. Por tanto, la mejor comunicación no es la perfecta, sino la que tolera la torpeza comunicativa. La que acepta que las palabras a veces no alcanzan, que lo que decimos no siempre representa con exactitud lo que sentimos. **Detrás de una frase desafortunada puede haber simplemente una persona que intenta traducir una emoción con las herramientas que posee.**

Sabemos que las palabras son símbolos aproximados, nunca exactos ni neutros. Están cargadas de historia, de creencias, de moral, incluso de poder. Y cuando las usamos bajo una emoción intensa, se convierten en algo parecido a unos ladridos humanos.

En la mediación de conflictos, se observa con claridad, sobre todo entre personas de culturas distintas, que una misma palabra puede ser una falta de respeto para una y completamente normal para otra. Cada cultura asigna significados distintos a las palabras y a los gestos. Así que comunicar no es otra cosa que traducir esos símbolos, intentar poner en común algo que nunca será del todo compartido. Por esta razón, más que buscar la precisión, necesitamos tolerancia a la torpeza de los demás y también a la nuestra. Porque, cuando discutimos, aparece la emoción. Discutir es lo que pasa cuando la tensión se activa y la emoción toma el mando. Y en ese momento ya no hablamos desde la razón, sino desde el instinto. Nuestro cerebro prefrontal —el que organiza, explica, estructura— se apaga, y quien habla es el cuerpo. Las palabras se vuelven el intento torpe de traducir una sensación corporal en un símbolo. Y, claro, así se genera el malentendido. Porque el otro interpreta mis palabras desde su propio marco cultural y emocional.

Creo que la mejor comunicación es la que se permite reconocer esta torpeza natural, la que entiende que no hay tanta intención como creemos detrás de las palabras. Que no somos tan calculadores ni tan precisos. Que, en realidad, somos seres que intentan cuidar su valor y su seguridad dentro del grupo. Y que muchas veces lo que llamamos «comunicación» no busca tanto conectar como protegernos.

Pero también creo que podemos transformarla. Podemos atrevernos a hablar desde otro lugar más frágil y real. Podemos reconocer que no sabemos, que nos cuesta, que a veces no entendemos ni lo que sentimos. Que la emoción nos desborda y el lenguaje se nos queda corto. Y si logramos sostener esa torpeza sin juzgarla, si logramos reírnos un poco de ella, la comunicación cambia.

Me gustaría que quedase claro que comunicar bien no es lograr que el otro piense igual que yo, sino poder estar juntos en esa diferencia. No es buscar la perfección, sino el apoyo. Siempre bilateral.

Somos seres primitivos que tratan de convivir en sociedades complejas. Monos con palabras. Y, aun así, seguimos intentándolo, seguimos buscando el sentido. Tal vez la comunicación no sea tanto un puente perfecto como el intento continuo de traducir lo que sentimos para no quedarnos solos en el ruido. Y, en ese intento, en esa torpeza compartida, está lo más humano que tenemos.

Conectar

Ha llegado el momento de hablar de un término que en los últimos años parece estar por todas partes: **«conectar»**. A veces se usa como si se tratara de lo opuesto a discutir, como si ambos fueran extremos que no pueden convivir. Pero conectar no es lo contrario del conflicto. Lo que sentimos cuando decimos «no conectamos» no es que haya un desacuerdo, sino algo más profundo: no me siento entendido, reconocido o valorado por la otra persona. Esa sensación de no ser validado es la que me lleva a decir que no hay conexión.

Entonces ¿qué es lo que realmente sentimos cuando decimos «estamos conectados»? Yo diría que sentimos seguridad. Porque lo que se crea al conectar con alguien es eso, un espacio en que no necesito protegerme. El otro tiene experiencias, influencias o maneras de ver el mundo parecidas a las mías, y eso hace que mi sistema nervioso se relaje. Lo interesante es que esa sensación de seguridad no surge porque el otro sea «bueno» o «compatible», sino porque no percibo ningún peligro. En cambio, si noto distancia, crítica o desaprobación, lo vivo como inseguridad.

Ahí está la raíz del problema. Lo que me hace sentir desconectado no es la diferencia, sino la crítica implícita en esa diferencia. Cuando percibo que lo que digo no tiene valor, que no se entiende lo que intento transmitir o que no se reconoce mi presencia, mi cuerpo interpreta que estoy en riesgo. Y esa sensación puede surgir incluso sin que la otra persona me hable directamente; basta con escuchar algo que contradiga mis creencias para que, de pronto, mi mente diga: «Con esta persona no conecto». Por eso solemos conectar con mayor facilidad con quienes comparten nuestras claves culturales, ideológicas o emocionales. Es natural, **la familiaridad da calma.** De ahí surgen las tribus urbanas, los grupos de amigos, los colectivos, todos los espacios donde se cumplen esas condiciones de seguridad. Pero basta un pequeño desencuentro para que esa sensación se rasgue. A veces un detalle o una sola frase que choca con lo que consideramos valioso es suficiente para que dejemos de sentirnos conectados.

Sin embargo, la conexión real no depende de pensar igual, sino de **poder mostrarnos vulnerables sin miedo.** Cuando nos atrevemos a exponernos sin máscara, sin la necesidad de tener razón, la conexión aparece aunque existan diferencias. Con frecuencia nos parece que no es posible conectar con alguien por su ideología o su carácter, pero, cuando lo intentamos desde la curiosidad y no desde el prejuicio, ocurre lo inesperado y surge la conexión donde menos la esperábamos. Lo he vivido muchas veces. Esa sensación de conexión no viene de que el otro piense como yo, sino de que me permite sentirme seguro siendo quien soy.

Si observas bien, verás que a menudo asociamos la palabra «conexión» con la espiritualidad o incluso con el misticismo, como si al conectar ocurriera algo mágico. Pero no hay magia. Lo que sucede es que el otro me confirma que mi forma de percibir el mundo no es una amenaza, que puedo existir tal como soy. Por eso se repite tanto la idea de rodearse de «personas con tu misma vibración» o «tu nivel de consciencia». Ese discurso, que parece espiritual, en realidad construye una nueva jerarquía: solo puedo conectar con quienes piensan igual que yo. Y eso reduce drásticamente el mundo de cada uno de nosotros. A veces basta con mirar lo que ocurre en las familias para entenderlo. Todos tenemos ese primo con ideas opuestas o ese tío con comentarios que nos sacan de quicio. Y, sin embargo, pasamos un rato divertido con ellos, nos reímos, compartimos algo simple y real. En ese momento desaparece la distancia ideológica y aparece la humanidad. Esa conexión no surge porque pensemos igual, sino porque por un instante dejamos de proteger la identidad y nos permitimos simplemente estar.

Cuando dejamos de ver la diferencia como un peligro para que sea una oportunidad, cambia todo. **La mente abierta no solo favorece el bienestar individual, sino también el equilibrio colectivo.** Dejar de interpretar lo diferente como una amenaza nos vuelve más flexibles, menos reactivos, y entonces la búsqueda ya no es solo personal, sino también común.

Conectar no es solo afinidad. Tiene que ver más con cómo gestionamos la diferencia. Es mirar lo que no entiendo con curiosidad en lugar de con juicio. Es preguntarme: «¿Qué habrá vivido esta persona para ver el mundo así?». Y ese simple gesto abre un espacio de humanidad que es, en sí mismo, conexión.

Conectar es la capacidad de permanecer presentes incluso cuando no coincidimos. Esto se aprecia con claridad en la pareja. Cuántas veces, como argumento para una ruptura, hemos escuchado o dicho: «Ya no conectamos». Pero lo que solemos llamar «pérdida de conexión» no siempre tiene que ver con la falta de amor, sino con los cambios naturales de la vida. Cuando empezamos una relación, lo hacemos desde un momento concreto, con unas circunstancias que favorecen esa conexión inicial. Pero la vida cambia y llegan las mudanzas, los nuevos intereses, los hijos y los diferentes contextos, que van sucediéndose por ambas partes. Y con esos cambios, las identidades se transforman. Entonces aparece la sensación de que la conexión se ha perdido, cuando en realidad lo que ha cambiado es el entorno de seguridad que antes existía. No es que uno haya evolucionado y el otro se haya quedado atrás, es que ambos están en procesos distintos. Sin embargo, la cultura romántica nos enseña a esperar que la conexión se mantenga idéntica a lo largo del tiempo. Y, cuando ya no la sentimos igual, creemos que algo falla.

He visto parejas seguir conectando a pesar de los cambios más grandes. Lo logran porque entienden que no importa si a mí me parece una tontería el fútbol o a ti te lo parece la meditación; lo importante es que eso te da bienestar, y que tu bienestar mejora nuestro vínculo. Esa aceptación es lo que sostiene la conexión, no la afinidad de gustos o de creencias. De hecho, las relaciones que más duran no son las que se parecen en todo, sino las que saben seguir conectando a pesar de los cambios. Porque lo que las mantiene unidas no es lo que ambos eran al principio, sino lo que crean juntos cada día: la capacidad de adaptarse, de dejar espacio a lo que el otro es. Me parece precioso ver a una pareja caminando de la mano después de que uno llegue de yoga y el otro de ver un partido. Eso también es conexión. No compartir los gustos amplía la relación en lugar de limitarla.

Entonces ¿por qué a veces no logramos conectar desde la diferencia? El obstáculo no es el otro, sino las creencias culturales sobre cómo deberían ser las relaciones. Ya lo hemos mencionado previamente, vivimos atrapados en un romanticismo que idealiza la fusión total, como si la pareja tuviera que satisfacer todas nuestras necesidades y nosotros las de la otra persona. Pero eso es imposible. **De lo que debemos preocuparnos es de seguir queriendo encontrarnos, aunque los caminos y las etapas personales cambien.** Si tú vuelves contenta de ver a tus amigos o de un partido y eso mejora tu energía, también repercute en nuestra vida compartida. Lo mismo sucede si yo vuelvo tranquilo de mi clase de yoga o de pasar tiempo con alguien que me inspira. La conexión crece cuando cada uno cuida su propio bienestar para poder traer algo vivo al vínculo.

Así pues, quizá conectar no sea lo opuesto a discutir, sino la condición que permite discutir bien. Cuando hay conexión, el desacuerdo no se siente como una amenaza. Discutir deja de ser una guerra para convertirse en un espacio en que lo importante no es tener la razón, sino comprender.

Imagínate poder discutir y sentir que, a pesar de no coincidir, hay cariño. Que puedas decir: «Vaya tontería el fútbol» y que el otro responda: «Es normal que pienses eso, aunque para mí sea distinto». O que te digan que seguir a un gurú espiritual es de locas y tú puedas contestar: «Entiendo que lo veas así, aunque para mí signifique otra cosa». Esa ligereza convierte lo que podría ser un conflicto en una conversación curiosa. Y ahí, sin darte cuenta…, vuelves a conectar. La clave está en entender que no estamos defendiendo una identidad creada solo por nosotros. Lo que creemos ser es la consecuencia de miles de influencias: nuestra familia, nuestra ciudad, nuestro trabajo, nuestras amistades. Cada uno de esos factores da forma a nuestras creencias y valores. Y, por supuesto, al haber invertido tanto en esa identidad, sentimos que debemos protegerla. Pero cuando vivimos en modo defensa, entramos en el terreno de lo que se denomina una «profecía autocumplida», como menciona el psicólogo Jamil Zaki. Es decir, cuando actúo desde la protección constante, transmito desconfianza, rigidez o incluso agresividad. Y esa actitud despierta en los demás la misma reacción y se ponen a la defensiva conmigo. Así, sin querer, provoco justo lo que quería evitar. Mi miedo a no ser reconocido genera la respuesta que confirma ese miedo.

Esto sucede en cualquier ámbito. Si entro en una reunión creyendo que no me van a escuchar, me mostraré tenso o severo, y los demás responderán con distancia. Si pienso que mi pareja no me respeta y reacciono con frialdad o reproche, lo que consigo es que se aleje. La defensa genera lo que teme: desconexión.

Todo esto tiene que ver con la dificultad de aceptar la vulnerabilidad. Protegernos es necesario a veces, claro, pero cuando la defensa se vuelve un hábito, deja sin espacio a la fragilidad, y sin esta no hay conexión posible. Al intentar defendernos para no perder valor, acabamos creando vínculos que nos lo quitan de verdad. Transformamos la relación en un campo de batalla donde todos se sienten amenazados, y en un entorno así no se puede conectar con nadie.

Por eso quiero cerrar este capítulo con una idea simple pero esencial: conectar no discrimina. No se trata de elegir solo lo que refuerza tu identidad y descartar lo demás. Si solo puedes conectar con lo que encaja con tu visión, no estás conectando, sino validándote. Conectar es tener la disposición de sentir vida en cualquier lugar: en una clase de meditación o en un concierto de punk, en un bosque o en un estadio lleno. Si crees tener un alto nivel de consciencia, pero no puedes disfrutar de una fiesta popular, el problema no está fuera, sino en la rigidez con la que te miras a ti mismo. Porque la conexión auténtica no separa, amplía. No te encierra en una burbuja espiritual o ideológica, te abre al mundo. Cuando entiendes esto de verdad, descubres que todo —una conversación incómoda, una diferencia, una risa compartida con alguien inesperado— puede ser conexión. Lo que la rompe no es la distancia ni la diferencia, sino la forma en la que hemos aprendido a mirarlas.

Conectar, al final, es dejar de defendernos. Es permitir que la vida nos toque, incluso cuando no la entendemos del todo. Y ahí, justo ahí, ocurre lo más humano: la sensación de que, por un instante, no estamos solos.

La empatía

¡Qué ganas tenía de hablar de este tema, la verdad! «Empatía» es una de esas palabras que parecen sencillas y se complican en cuanto las miramos de cerca. En las relaciones, cuando alguien dice: «Te falta empatía», lo que está señalando no es solo una carencia emocional, sino algo más hondo, la impotencia de sentir que el otro no da valor a lo que uno experimenta. Cuando eso pasa, aparece la sensación de aislamiento, la soledad ante la vida, y es normal que el cuerpo reaccione con ese modo alerta tan primitivo que todos conocemos.

Pero quiero ir más allá de lo obvio. ¿Es posible ser empático de verdad? ¿Ponerse en la piel del otro? ¿Sentir su sufrimiento tal como el otro lo siente? Pienso en una escena cualquiera: la mesa del comedor, dos tazas a medio beber, la respiración un poco tensa… Uno dice: «No me entiendes», y el otro, al instante, siente que lo acusan de frialdad. Entonces aparece la palabra «empatía» como si fuera la llave maestra de todas las conversaciones. Pero esa llave, tal como la usamos, no existe. Es obvio que no podemos sentir justo lo que siente el otro. No somos su cuerpo, ni su memoria, ni su historia. Podemos intentar mirar desde su lugar, pero, al menos en parte, siempre lo haremos desde el nuestro, con nuestros límites y nuestras propias referencias.

Por eso, para mí, la empatía no es tratar de replicar la emoción ajena, sino reconocer que no puedo reproducirla igual y, aun así, validarla. Es decir: «No lo siento como tú, pero veo que te duele y quiero cuidarlo contigo». Esa humildad —que algunos confunden con ignorancia— es, en realidad, un puente. Baja la guardia y abre un espacio en medio del conflicto. Me gusta llamarla «empatía cooperativa». Porque la empatía no debería ser individualista —no se trata de sentir lo que siente el otro—, sino colaborativa; consiste en cooperar con lo que sucede entre nosotros, en ser empático también con la torpeza, con los límites humanos, con las consecuencias del contexto. No necesito entender tu problema al detalle para entender que hay un problema. Esa simple distinción cambia el tono de cualquier discusión.

Pensemos en la pareja. Si tu miedo me parece exagerado o incluso ridículo, no necesito sentirlo igual para legitimarlo. Puedo decir: «No lo comprendo del todo, pero sé que te duele». En ese momento, dejo de examinarte y empiezo a acompañarte. Lo mismo ocurre con una hermana a la que le hiere un comentario que a mí me da igual o con un compañero de trabajo que se queda callado ante una broma que yo habría pasado por alto. Validar no es premiar la emoción ajena, es sostener su derecho a existir. La empatía que propongo no quita responsabilidad, la acompaña. No dice: «Está bien», sino: «Entiendo por qué pasó; ahora veamos cómo cambiarlo». Esa diferencia sutil transforma la manera de discutir.

También conviene reconocer que nuestra empatía es selectiva. Tendemos a conectar con los dolores que se parecen a los nuestros y nos cuesta más acercarnos a los que nos incomodan. Nos sale abrazar el llanto, pero no tanto sostener la rabia. Hay personas que no terminan de sentirse cómodas con la alegría o la celebración. Comprendemos el agotamiento, pero nos irrita el sarcasmo. En pareja es típico que abracemos la tristeza y que el enfado nos ponga a la defensiva. En el trabajo somos pacientes con quien llega cansado, pero impacientes con quien responde cortante. Y en familia, aunque entendemos la pena de alguien, no soportamos que otro levante la voz. Esta selectividad no nos hace peores personas, nos hace humanos atravesados por la historia y el contexto. El problema llega cuando no la vemos y la convertimos en regla. Entonces empezamos a medir al otro según nuestra propia manera de sentir: «Si no lo vives como yo, no empatizas». Y la conversación deja de ser un encuentro y se vuelve un examen.

Otra confusión frecuente tiene que ver con la frontera entre empatizar y justificar. Todos sabemos que, cuando estamos heridos, reaccionamos peor. Sostenemos lo que no diríamos en calma, levantamos la voz o soltamos comentarios que duelen. Me viene a la cabeza una frase que me gusta mucho:

> No prometas cuando estés feliz, no respondas cuando estés enfadado y no decidas cuando estés triste.

Pues bien, es comprensible que nos salga la actitud de defensa, y también lo es que a quien recibe esa reacción le duela. Lo difícil llega después, cuando aparecen las etiquetas «malo», «tóxico» y «siempre igual», porque bloquean la pregunta más útil: ¿qué dolor, qué miedo o qué presión impulsó esta reacción?

Aquí entra en juego algo crucial: la fuerza de lo simbólico. No nos hieren solo los hechos, también lo que estos significan en una cultura concreta. La misma palabra puede ser un roce o una estocada, según la historia de quien la escucha. Por esta razón, el maltrato psicológico a veces deja una huella más profunda que el daño físico; no porque duela más por naturaleza, sino porque se queda rumiando en la mente, reinterpretándose una y otra vez. Cualquiera que haya mediado en conflictos lo ha visto. Las palabras y sus connotaciones pueden mantener vivo un dolor durante meses. Las frases como «eres inútil», «siempre exageras» o «nadie te soporta» no nos golpean a todos por igual, porque no todos cargamos el mismo contexto ni la misma capacidad de reaccionar o relativizar.

Lo experimentamos desde niños. Cuando un hijo te dice: «Papá, eres malo», porque no le compraste un helado, entiendes que no se trata de un ataque real. Está frustrado, no tiene otro recurso. En cambio, cuando una pareja adulta dice: «Eres cruel» porque has llegado tarde, la palabra lleva una carga distinta, cultural y simbólica. Lo mismo sucede en una oficina; si alguien dice: «Qué poco profesional lo tuyo», delante del equipo, para algunos será una broma y para otros, una confirmación de su inseguridad. En una comida familiar, cuando una tía suelta: «Siempre fuiste el problemático», se reviven en pocos segundos décadas de etiquetas. Sé que hay contextos en que puede parecer ingenio intervenir y decir: «No veo las cosas igual y me gustaría sabe qué te hace pensar eso. Busquemos juntos cómo abordarlo». En lugares en que la reputación es lo que protege de la violencia, bajar la guardia puede parecer suicida; por eso, hablar de empatía sin mencionar las condiciones materiales y culturales es un error. Necesitamos entornos que no premien la humillación, escuelas que enseñen a nombrar emociones sin convertirlas en identidad, instituciones que protejan de verdad para que el individuo no tenga que defenderse todo el tiempo. Solo entonces la empatía deja de ser un talento privado y se convierte en una práctica colectiva sostenida por hábitos compartidos.

Estoy convencido de que la educación psicosocial no es un lujo, sino una herramienta de salud colectiva. Aprender cómo el grupo moldea las identidades, cómo las palabras pesan según el contexto, cómo la historia de cada uno influye en su forma de reaccionar no borra la responsabilidad, la enfoca. La empatía no justifica la maldad ni elimina la responsabilidad personal, pero evita la trampa de creer que cada decisión nace en el vacío y no en las coordenadas de la persona y en el contexto. En la mediación de conflictos esto resulta clarísimo. Si observo solo la psicología individual, me pierdo la mitad de la película. Las reglas implícitas del grupo, las recompensas simbólicas, la necesidad de pertenecer…, todo eso moldea las identidades y las elecciones. Nadie se hace a sí mismo de espaldas a la cultura. Nos hacemos en ella, empujados por dolores antiguos y por el miedo a quedar fuera.

Cuanto más sufre una identidad, más se aferra a sí misma, y cuanto más se aferra, más ve el mundo en clave de amenaza. Es la misma profecía autocumplida de siempre: me protejo porque desconfío, y esa protección provoca en los demás la desconfianza que la confirma. En una escala pequeña, la pareja entra en un bucle de defensa y ataque; en una mayor, las sociedades se polarizan hasta el extremo.

Si nuestra ética se centra en proteger la imagen, cualquier roce se vive como una guerra. Pero si la orientamos hacia la cooperación y una empatía auténtica, los conflictos no desaparecen, simplemente se resuelven mejor. No porque seamos más buenos, sino porque cambiamos el marco. Dejamos de preguntarnos quién tiene razón y empezamos a preguntarnos qué necesitamos para cuidarnos. Bajo esa luz, muchos actos que parecen ataques son solo defensas torpes.

Volviendo a la pregunta y al planteamiento iniciales, podemos decir que la empatía total es imposible y que, sin embargo, resulta imprescindible en su versión humilde. No necesito replicar tu emoción, sino reconocer que existe y que me importa. Empatizar no es justificar, es comprender el origen para transformar la forma. Y lo más empático que podemos hacer —en casa, en el trabajo o en la calle— es crear entornos en los que no haga falta protegerse todo el tiempo. Validar incluso cuando no entendemos. Pedir responsabilidad sin humillar. Y recordar, una y otra vez, que no hay ningún león en la sala; lo que ruge es el miedo. El de interpretar al otro como un peligro cuando, en realidad, es otro ser humano que también se protege. Solo cuando entendemos eso, la conversación deja de ser un combate y empieza a ser un lugar de cooperación.

El sufrimiento

¿Te has parado a pensar cuántas veces nuestro sufrimiento está conectado con la sensación que acabamos de analizar, con esa impresión de que alguien no ha empatizado con nosotros «lo suficiente»?

Vamos a partir admitiendo que el sufrimiento es una de las experiencias humanas más inevitables y, al mismo tiempo, una de las más difíciles de comprender. Nunca aparece aislado; siempre nace de un suceso, de una vivencia concreta que nos hiere. Vivimos expuestos al contacto con los otros, a la influencia del contexto y a las tensiones del mundo, por lo que resulta casi imposible no relacionar el sufrimiento con las personas que nos rodean. Rara vez el dolor surge de la nada. Suele estar vinculado a una interacción, a lo que alguien nos hizo o a lo que no pudo darnos. A veces, incluso, a la ausencia de quienes ya no están, como cuando muere alguien a quien amamos.

Si abrimos un poco más el plano, observamos que en el sufrimiento colectivo ese mecanismo se muestra con brutal claridad. En contextos de guerra o injusticia, los pueblos sufren por decisiones humanas, no por una fuerza abstracta. Alguien ejerce el poder y otro lo padece. Detrás de cada dolor, hay una acción concreta que deja una huella que se multiplica en cuerpos y generaciones. Lo que cambia de un caso a otro no es solo lo que sucede, sino cómo lo interpretamos. El lenguaje y la cultura moldean la forma en que vivimos el dolor; crean una conversación interna, una rumiación que da sentido —y a veces más peso— a lo que nos ocurrió.

Un mismo hecho puede adquirir matices del todo distintos según el nombre que le demos. Si alguien me oculta la verdad, puedo llamarlo traición, miedo, error o torpeza. Según el calificativo que elija, el sufrimiento se intensificará o disminuirá. El lenguaje actúa como un molde que amplifica o reduce la experiencia. No se trata solo de palabras, sino de lo que representan: las connotaciones morales, culturales y emocionales que la historia colectiva ha depositado en ellas. Por eso, el sufrimiento no es tan solo físico, aunque muchas veces empiece en el cuerpo. Un accidente o una quemadura conllevan un dolor tangible, es obvio, pero también existe el sufrimiento simbólico, el que nace de una palabra hiriente, una burla, una exclusión. No hay herida visible, pero la carga cultural de esas palabras puede doler tanto como un golpe. Lo que todos esos dolores tienen en común es que dañan el valor de la persona, la sensación de ser vista y reconocida. Y esa ausencia de reconocimiento es, quizá, la forma más profunda de sufrimiento que conocemos.

Paradójicamente, el sufrimiento no solo hiere, también construye identidad. El dolor se convierte en una especie de credencial que confirma quién soy y cuánto valgo. Lo vemos en el trabajo: cuanto más esfuerzo y sacrificio invierto, más reconocimiento creo merecer. Es como si el sufrimiento fuera la moneda con la que se compra el derecho a la recompensa. Lo mismo ocurre a escala colectiva: pueblos enteros se cohesionan en torno a su dolor. La memoria del sufrimiento se transforma en bandera, en un relato de resistencia, en un argumento para la defensa. Esa unión puede ser necesaria para sobrevivir, pero también puede cristalizarse en identidades que se definen por lo padecido y que miran el mundo desde la herida. Cuando eso ocurre, el sufrimiento deja de ser un proceso y se convierte en una frontera: «Mira, yo lo he pasado peor que tú, así que creo que tengo más derecho a decidir sobre esto». Así se instala una jerarquía invisible en la que el dolor se vuelve medida de valor y moneda de cambio al mismo tiempo. Lo observamos en lo cotidiano, en las discusiones domésticas. Cuando alguien dice: «Llevo semanas limpiando la casa y tú no haces nada», lo que se reclama no es solo colaboración, sino reconocimiento. Si el otro resta importancia a ese esfuerzo, el conflicto se enciende. No se está discutiendo sobre la limpieza, sino sobre la validez del sacrificio, sobre el valor que ese sufrimiento tiene para la identidad de quien lo expresa.

El sufrimiento es intocable. Y digo esto porque, si alguien lo cuestiona, se activa el orgullo. Por eso, en la mediación, lo primero que se valida siempre es el dolor. No para alimentar la victimización, sino para abrir un espacio donde el otro pueda mirar su herida sin sentirse atacado. Solo desde el reconocimiento puede empezar el cambio. Sufrir es normal, pero entender qué sostiene ese sufrimiento es lo que permite transformarlo. No hay sufrimientos «más altos» o «más bajos». No podemos calcular si duele más perder a un familiar en un accidente o vivir en un país en guerra. Y si pudiéramos medirlo, ¿de qué serviría? ¿Para decidir quién tiene más legitimidad o más derecho a ser escuchado? Entrar en esa comparación es caer en la trampa de usar el dolor como medida moral. El sufrimiento no necesita jerarquía, necesita comprensión.

Pero ¿cómo se gestiona el sufrimiento? Esta pregunta siempre es difícil, porque el dolor puede tener dos efectos opuestos: reforzar el orgullo o hundir la autoestima. A veces, el sufrimiento se convierte en la prueba de mi valor; otras, en la evidencia de mi fracaso. En ambos casos, el peso cultural es enorme. No sufrimos por decisión propia, sino por la manera en que la cultura nos enseñó a interpretar lo que nos pasa. Por esta razón, la gestión del sufrimiento empieza por desmontar esas capas. Ahora bien, aquí aparece otra capa adicional, porque, en ocasiones, el que causa daño también sufre. El llamado opresor actúa desde sus propias carencias, desde dolores antiguos o desde la torpeza de no saber expresarse de otro modo. Si ambos lados refuerzan su identidad a partir de lo sufrido, el conflicto se vuelve interminable. Por esta razón, los símbolos como el perdón resultan tan poderosos, porque interrumpen esa cadena entre identidades heridas.

Se trata de entender que lo que alguien hace o dice, aunque hiera, muchas veces no nace de la maldad, sino de la limitación. No todos tenemos los mismos recursos emocionales ni la misma capacidad de contención. En lugar de interpretar que el otro es un enemigo, podemos ver que es alguien atrapado en su propio sistema de defensa, alguien que reacciona desde su amígdala, percibe el mundo como una amenaza y no sabe cómo salir de ahí. Esto no significa justificarlo todo, en absoluto. No borra el derecho a sentirse dolido, pero desplaza el sufrimiento de lo personal a lo compartido. Nos saca de la idea de que el dolor se elige y nos lleva a pensar que se construye entre el individuo y su contexto. Igual que en la empatía, la cultura decide no solo el grado de sufrimiento que sentimos, sino también cómo debemos vivirlo. En muchas sociedades se admira al que resiste, al que aguanta, al que se sacrifica, y se mira con sospecha al que pide ayuda o muestra fragilidad. Así, el sufrimiento se convierte en un símbolo del mérito.

En la gestión de conflictos esto es crucial. El sufrimiento funciona como una moneda simbólica. No porque la persona se complazca en su dolor, sino porque a través de este busca la validación. Mientras lo usemos para definir quién somos, alimentaremos el conflicto. Digamos que su dolor refuerza su identidad y, al hacerlo, genera oposición hacia quien lo causó. Y esa oposición mantiene vivo el conflicto. Para romper ese ciclo, hay que entender que todos somos seres encarnados en un contexto. Lo que hacemos, lo que decimos y lo que sentimos ocurre dentro de una red de reglas y significados que a menudo ni siquiera elegimos. Salir de esa trama no es negar el dolor, sino verlo desde otro ángulo. Comprender que el otro —el que me hirió— también es un personaje dentro de la misma historia, igual de condicionado, igual de torpe. En lugar de interpretar el sacrificio como sufrimiento, podemos verlo como esfuerzo mutuo por encontrar el equilibrio. En un equipo de trabajo, en vez de reforzar la narrativa del que más aguanta, podríamos preguntarnos cómo repartir mejor las cargas. En lo social, en lugar de justificar violencias por el dolor histórico de un pueblo, podríamos transformar esa memoria en algo que genere beneficio común.

Se trata reconocer el sufrimiento, sin negarlo ni minimizarlo, y transformarlo, gracias a la experiencia, en cooperación. No se trata de ver quién ocupa el lugar de víctima, sino de aprender a colaborar para que el dolor no se convierta en sufrimiento.

Recuerdo un ejemplo extremo que ilustra esto con claridad. En Estados Unidos, un padre cuya hija fue asesinada vivió años devorado por el rencor, hasta que decidió mirar al asesino como otro ser humano, producto de una cultura de violencia. Pudo decirle: «Te perdono porque entiendo que también eres una víctima». Ese perdón no borró el crimen ni el dolor, pero lo transformó. Le devolvió la posibilidad de seguir viviendo. Y eso es lo esencial. Lo que nos hace sufrir no es solo el daño que recibimos, sino la torpeza con la que la cultura nos enseña a reaccionar. Aprender a gestionar el sufrimiento es dejar de usarlo como frontera para convertirlo en puente. No se trata de resignarse, sino de abrir la posibilidad de que el dolor tenga un sentido diferente, de verlo como parte de un proceso de adaptación, de que no sea un enemigo y se transforme en un testigo. Así, el sufrimiento se convierte en el tránsito que nos lleva del dolor a la comprensión, de la identidad rígida a la cooperación. No es una renuncia ingenua, sino un acto profundamente humano, capaz de cortar la cadena del daño y abrir un espacio nuevo para convivir.

El perdón

Hablar del perdón después de explicar el sufrimiento es casi inevitable. Porque, como hemos visto, el sufrimiento, cuando se estanca, se convierte en identidad, y el perdón aparece como la única vía capaz de liberarnos de esa atadura. Perdonar es, de algún modo, deshacerse del orgullo que sostiene la identidad herida, soltar la sensación de haber ganado un juicio simbólico que nos coloca por encima del otro. El perdón es el principio de la reconciliación, pero también uno de los gestos más difíciles que existen.

¿Por qué cuesta tanto perdonar? Tal vez porque, en esencia, perdonar es de algún modo tirar el sufrimiento a la basura. Y eso duele. Significa desprenderse de una parte de uno mismo, de lo que justificaba nuestra razón, nuestra verdad, nuestra identidad. Es dejar de proteger esa zona que el dolor convirtió en bandera para que la ocupe otra emoción. Sin embargo, perdonar no es negar lo que pasó ni justificarlo, sino salir del ciclo de rumiación que mantiene vivo el conflicto. Es cesar de interpretar al otro como un enemigo y empezar a verlo como alguien arrastrado por la vida y el contexto, igual que nosotros. De nuevo, muchas de las acciones que nos hieren no nacen de una maldad calculada, sino de la torpeza, de la saturación mental, de los automatismos que genera un contexto social exigente. El perdón es, en última instancia, un acto de bondad lúcida: ver al agresor como alguien también atrapado por un sistema de creencias, un entorno o un miedo que lo sobrepasó.

En muchas ocasiones, lo que llamamos «acto cruel» es solo el intento desesperado de proteger el valor propio. Quien hace daño no siempre busca destruir; a veces solo intenta conservar su reconocimiento. En ese sentido, perdonar es asumir que el acto que nos lastimó no fue tan intencional como creíamos, que detrás del gesto había una necesidad mal gestionada, una reacción más que una decisión.

Perdonar al otro también implica perdonarnos a nosotros por haber sufrido como consecuencia de lo que entendimos como hiriente en su momento.

Lo difícil es que el perdón suele confundirse con injusticia. Decimos: «No quiero perdonar, no se lo merece». Pensamos que perdonar libera al otro de la culpa, que lo deja impune. Pero el perdón no borra lo ocurrido ni exime a nadie de su responsabilidad. **El perdón no absuelve, libera.** Sobre todo al que sufre. Alivia el peso de sostener el dolor como parte de la identidad, porque vivir enfadado es seguir dándole poder al pasado.

El malentendido proviene de cómo hemos aprendido el perdón. En el catolicismo, por ejemplo, el perdón es un acto simbólico: alguien confiesa, Dios lo perdona y la culpa se disuelve. Pero en la vida real no hay confesionario. Por eso quizá creemos que, si perdonamos, restamos valor a lo que sufrimos. Que perdonar equivale a rendirse, a renunciar a la justicia. Y ahí aparece la trampa: confundimos justicia con venganza. Nos parece que, si soltamos el dolor, el otro gana. Que, si perdonamos, perdemos nuestro valor. Sin embargo, eso es solo una ilusión cultural, una herencia de códigos sociales que nos enseñaron que quien perdona se rebaja.

Defender el sufrimiento como si fuera un trofeo es una forma de orgullo. Y este nos vuelve prisioneros. Lo que creemos una muestra de fortaleza —«no olvidaré jamás»— se convierte en una cadena que alimenta el conflicto. Lo vemos en lo individual y también en lo colectivo. Una herida sin perdón se hereda, se repite, se convierte en tradición. En barrios, en familias o en países.

Pensemos en algo tan común como las guerras vecinales. A veces todo empieza con una simple pelea en el colegio: un niño golpea a otro, el agredido llama a su hermano mayor, el hermano responde con más violencia y de pronto los padres se involucran. En cuestión de días, hay familias enfrentadas. Lo que empezó con una pelota acaba en muertes, y el barrio entero se divide. Cada golpe refuerza el orgullo de cada bando. Nadie puede perdonar porque hacerlo sería, según su lógica, humillarse. Lo que se defiende ya no es el daño inicial, sino la reputación, la identidad del grupo. Cada acto de venganza reafirma el valor de «los nuestros». Y así, ambos bandos se asemejan más de lo que creen. Por eso repito una idea que parece sencilla, pero es radical:

Todo lo que refuerza tu identidad a través del sufrimiento es precisamente lo que necesitas soltar.

Porque esa identidad no la construiste tú solito; la moldearon las influencias del entorno, los valores de tu grupo, la cultura que te enseñó que tener razón es importante. Defenderla a toda costa no te hace justo, te hace prisionero. La imposibilidad de perdonar es, casi siempre, el orgullo disfrazado de justicia. Es decir: «Si te perdono, renuncio a la imagen de valor que me da el daño que me hiciste». Pero ese valor es ilusorio, simbólico. No hay compensación justa posible porque el sufrimiento no se mide ni se paga, solo se transforma o se perpetúa. Y sostenerlo solo mantiene vivo el dolor.

En el ámbito antropológico, el perdón tiene una función básica: mantener la cohesión del grupo. Así, evita la exclusión, permite reconocer que el error no siempre nace de la maldad, sino de la torpeza o de la falta de recursos. Incluso cuando hubo maldad, entenderla dentro de su contexto social ayuda a desactivar el ciclo del castigo. Ningún acto surge aislado. Toda acción humana está influida por las normas, las presiones y los deseos del entorno. Lo vemos claro en los adolescentes que acosan a otros en la escuela. ¿Es realmente malvado quien se burla? Si lo miramos de cerca, el acto lo es, pero quien lo hace, quizá no. Lo mueve la necesidad de reconocimiento del grupo. La risa colectiva se convierte en recompensa. Digamos que burlarse se codifica, a según qué edades, como algo que da estatus, identidad. El agresor se siente visto. Lo mismo ocurre en el trabajo, cuando alguien critica duramente a un compañero busca afirmarse, ganar posición. No actúa por puro odio, sino porque ese comportamiento le proporciona visibilidad. En el fondo, todos seguimos siendo seres tribales: cuanto más reconocimiento obtenemos dentro de nuestra manada, menos riesgo de exclusión sentimos. Y esa sensación de pertenencia, de valor social, sigue siendo tan importante como lo era para nuestros antepasados cazadores-recolectores.

Por tanto, cuando alguien pide perdón, lo que busca en realidad es recuperar el valor perdido. No solo reparar el daño, sino sen-

tirse digno otra vez. Volver a ocupar el lugar que tenía antes de fallar. Y cuando alguien exige un perdón, lo que busca no es solo el
reconocimiento del daño, sino también restablecer su propio valor.
De ahí que, cuando el perdón llega, no siempre baste; esperamos
una compensación, una reparación, un reequilibrio. Queremos que
el otro nos devuelva el rango simbólico que teníamos antes de lo
ocurrido. La paradoja es que esa exigencia nos impide avanzar. Porque, mientras esperamos a que llegue la justicia perfecta, el sufrimiento se convierte en un modo de vida. Perdonar, en cambio, rompe la lógica del intercambio. No se trata de decir: «Te perdono si
cambias», sino de entender que la transformación empieza cuando
uno decide no seguir sosteniendo el peso del daño.

Lo más curioso es que, a veces, el perdón no necesita palabras.
No siempre llega con una declaración solemne, ni con un «lo siento» explícito. A veces está en el gesto, en el silencio que deja espacio, en la mirada que reconoce el error. Lo vemos desde críos. Un
niño no necesita decir «perdón» para que sepamos que se arrepien-
te; basta con ver su tristeza, su incomodidad, su deseo de acercarse
otra vez. En los adultos ocurre lo mismo. A menudo alguien se reti-
ra de una discusión no desde la rabia, sino desde la tristeza, y ese
movimiento ya es una forma de pedir disculpas. Pero culturalmente
entendemos el perdón como un acto de humillación, por eso cuesta
tanto. En realidad, cuando el otro siente vergüenza o dolor por lo
que hizo, ya hay un reconocimiento. Y reconocer el error es el primer paso hacia la reconciliación, incluso si no se pronuncia la palabra «perdón».

En definitiva, perdonar no es fácil. No se logra de golpe ni se de-
creta. Es un proceso que exige comprensión. Y comprender no significa justificar, sino aceptar que el ser humano actúa muchas veces

desde el miedo, desde la carencia o desde la confusión. Que todos estamos expuestos a equivocarnos.

Me gustaría que recordases dos cosas:

• Perdonar no es ser ingenuo, es ser libre, porque con ello cortas el hilo que une nuestro valor al sufrimiento. Es decir: «Esto me dolió, pero no voy a dejar que defina quién soy».
• Perdonar reconstruye la confianza.

Por último, traigo a colación *El libro de los abrazos*, en el que Eduardo Galeano dice que «recordar» proviene del latín *re-cordis*, que significa «volver a pasar por el corazón». Yendo un paso más allá, si recordar es volver a pasar por el corazón, perdonar sería pasar por ese mismo recuerdo sin que cause tanto dolor como lo que lo hirió. Perdonar, al fin y al cabo, es un recordatorio de lo que aprendimos, de lo que pudimos soltar, de lo humanos que seguimos siendo.

La reconciliación

La reconciliación suele presentarse como lo que debería suceder después del perdón, casi como un paso inevitable para volver al estado «normal» de la relación. Pero entonces aparece lo complicado, porque la reconciliación viene cargada de expectativas que casi nunca se nombran y que, sin embargo, determinan todo el proceso. Ya hemos hablado de las expectativas largo y tendido, así que nos será fácil entender que solemos esperar que la reconciliación nos devuelva al mismo lugar en el que estábamos antes del conflicto, como si fuera posible retomar la relación justo donde se quebró. Y es esa expectativa la que genera frustración, porque, tras un conflicto, nada vuelve a ser tal como antes. No necesariamente porque quede un resentimiento oculto o porque alguien no haya perdonado del todo, sino porque las personas cambian, aprenden y se transforman. Y esa transformación inevitable modifica la relación.

Detrás de la aceptación de ese cambio está no quedarse atrapado en el dolor, el reconocimiento de que cada experiencia, sobre todo las que nos confrontan, deja huella en cómo nos entendemos a nosotros mismos y a los demás. Alguien puede considerarse hábil gestionando las emociones y, sin embargo, descubrir en un conflicto concreto su vulnerabilidad, su falta de recursos. Esa constatación lo cambia, lo hace más consciente de sus límites y de su sensibilidad. Se da cuenta de que no era tan buen gestor emocional como creía, sino que simplemente no había estado antes ante una situación tan desafiante. Ya no es el mismo, y eso redefine también la relación. Un ejemplo sencillo sería el de dos compañeros de trabajo que mantienen una fuerte discusión y ya no vuelven a tener la misma complicidad, pero logran conservar el respeto y la colaboración. Esa nueva forma de vínculo, aunque distinta, no es menos valiosa. Es un tipo de reconciliación más madura, en la que se acepta que el lazo cambió, y eso está bien. A veces ocurre lo contrario: una distancia inicial se reduce tras un conflicto y el vínculo se vuelve más auténtico, más consciente. Lo esencial es entender que la reconciliación no consiste en recuperar lo que la relación fue, sino en reconocer lo que ahora es.

El error común es pensar que la reconciliación es un punto final, algo que se logra una vez y ya está, cuando, en realidad, se trata de un proceso continuo, una reconstrucción que se renueva con cada gesto y cada conversación. La confianza no se firma en un acto simbólico, se reconstruye con paciencia. **Reconciliarse no es decidir un día: «Ya estamos bien», sino aprender a convivir otra vez, paso a paso, dejando que el vínculo encuentre su nuevo equilibrio.**

Después del perdón, en la fase de reconciliación, solemos esperar que el otro vuelva a cumplir las mismas normas culturales del amor ideal: los gestos, la atención, la presencia constante. Pero ambas personas han cambiado. Si el conflicto se ocasionó por estar demasiado juntos, porque creían que el amor verdadero se medía en tiempo compartido, es probable que, tras reconciliarse, al menos uno recupere espacios propios. Y ahí suele aparecer la sospecha: «Ya no me quiere como antes». En realidad, se ha producido una reestructuración sana de las dinámicas, un aprendizaje de lo que cada uno necesita para estar bien consigo mismo y con la relación. Lo difícil es que esos cambios se interpretan como pérdidas, porque seguimos comparando con el recuerdo idealizado de los primeros tiempos, donde todo era intensidad y admiración mutua. Ninguna relación puede sostenerse de forma indefinida en ese estado inicial; es más, pretenderlo solo genera decepción.

Podríamos decir que la reconciliación, más que un regreso al pasado, es un encuentro nuevo con quien somos ahora. Un vínculo con menos dramatización y más realismo, con espacio para respirar sin miedo a fallar. Un ejemplo sencillo es el de dos hermanos distanciados durante años que logran volver a hablar y compartir celebraciones familiares sin la carga del resentimiento. No recuperan la misma cercanía de la infancia, pero alcanzan una paz adulta, más consciente. Eso también es reconciliación, aunque no cumpla la nostalgia de lo que fue. Y, ojo, porque aquí es donde suele aparecer la sensación de fracaso. Pensamos que si no logramos volver al punto exacto de antes, la reconciliación ha fallado. Pero lo que duele no es el conflicto en sí, sino la comparación con la versión idealizada del vínculo. Las etiquetas culturales —«ser pareja», «tener una relación seria», «mantener la unión familiar»— nos hacen creer que la estabilidad solo existe si se cumple un guion. Cualquier desviación de este parece un fracaso. Por eso tantas personas piensan que su relación no funciona, cuando lo que en realidad no funciona son las expectativas rígidas que arrastran.

Si recordamos lo hablado sobre las expectativas, entendemos que esas creencias culturales nos hacen albergar deseos que, al no cumplirse, generan sufrimiento. Y este se confunde con el fracaso. No obstante, reconciliarse no es volver al molde anterior, sino aceptar la transformación y dejar de medirla con etiquetas. Una pareja que ya no duerme abrazada cada noche después de un conflicto, pero que encuentra nuevas rutinas de cuidado y calma, no ha fracasado: ha transformado su manera de amar. Lo que cambia no es el amor, sino la forma de expresarlo. El problema es que solemos llamar ruptura a lo que, en realidad, es una transformación. Cuando se rompe la etiqueta —«éramos novios», «éramos esposos»— parece que todo lo vivido pierde valor. Pero lo más sano es entender la relación como algo vivo, no como algo que se quiebra y empieza de cero. Nos cuesta aceptar que el propio vínculo evoluciona, al igual que lo hacen las personas implicadas. Las relaciones no mueren y renacen, evolucionan. En lugar de lamentar lo que se perdió, podríamos reconocer lo que surgió: nuevas partes de nuestra identidad, nuevas formas de vincularnos más acordes con lo que cada uno necesita ahora.

De este modo se comprende mejor que reconciliarse no es regresar al pasado, sino acompañar juntos la transformación. Sin dramatizarla como una pérdida ni intentar controlarla como si fuera un plan fijo.

Reconciliarse es aceptar que la relación está viva, que cambia, que nos cambia, y que su valor no está en la permanencia, sino en la capacidad de adaptarse. Así, la reconciliación deja de ser una meta y se convierte en un movimiento constante, en el aprendizaje compartido de cómo seguir cuidándonos sin que la historia pese más que el presente. Y este es precisamente el puente hacia el siguiente capítulo, donde hablaremos del deseo humano de controlar, de esa necesidad de que las cosas sigan siendo como creemos que deberían ser, aunque la vida —como las relaciones— nunca funcione así.

El control

Después de haber hablado de tantas emociones y conceptos (positivos o negativos) que intervienen en las discusiones, tiene sentido hacer una parada en el control, porque, en realidad, está detrás de todos ellos. Es la raíz invisible que alimenta los celos, la culpa, la necesidad de reconocimiento, el miedo al rechazo y la dificultad para perdonar. Si observamos con calma (y con lupa), veremos que el control es el intento más humano y a la vez más torpe de sostener una sensación mínima de seguridad en un mundo impredecible y que invade muchísimas emociones.

El control no es solo una idea abstracta, es algo que sentimos a diario cuando necesitamos poner nombre a las cosas, cuando intentamos anticipar lo que viene o cuando buscamos explicaciones a lo que no entendemos. Nombrar nos genera la ilusión de saber por dónde caminar. Cuando damos nombre a algo, trazamos un protocolo de acción. Y eso, en el fondo, es control: la necesidad de predecir y asegurar un terreno estable. No se trata solo de supervivencia física, sino también de supervivencia identitaria. Porque cuando hablamos de vida, lo hacemos también de quién somos y de cómo sostenemos la imagen de nosotros mismos.

En lo individual, el control puede tener formas muy distintas. Puede ser concreto, como cuando me pongo un arnés para escalar o compruebo que la puerta está cerrada antes de irme dormir. Ese tipo de control me proporciona paz porque me protege de un riesgo real. Pero también puede ser simbólico, más sutil: el intento de controlar cómo me perciben los demás, de preservar la idea que tienen de mí, de mantener el valor que siento que tengo a sus ojos. En las relaciones humanas, este tipo de control se complica muchísimo, porque no se trata solo de proteger el cuerpo, sino la identidad.

¡Pero si hasta queremos controlar lo que la gente piensa o valora de nosotros! Y para no perder esa valoración, llegamos a manipular de formas que ni siquiera notamos: modulamos el lenguaje, las expresiones, las opiniones, las emociones… Todo para conservar ese valor simbólico que nos hace sentir dentro y no fuera, aceptados y no excluidos. Este proceso viene de muy atrás, de cuando perder la pertenencia al grupo significaba morir. En aquel entonces, controlar las señales del entorno era cuestión de vida o muerte. Hoy, aunque el contexto ha cambiado, el instinto sigue ahí. Solo que ahora no luchamos contra leones, sino contra percepciones, opiniones y expectativas. El problema es que, en este mundo saturado de mensajes culturales, redes sociales y comparaciones constantes, ese instinto se ha convertido en una trampa. Estamos expuestos a infinitas narrativas que nos dicen cómo deberíamos ser, qué es tener éxito, qué es amar bien, qué es estar equilibrado. El resultado es una sensación de fragmentación, porque intentamos controlar demasiadas versiones de nosotros mismos, buscando ser reconocidos en todas partes, y eso nos deja agotados.

En el fondo, lo que todos necesitamos es algo simple: sentirnos seguros y reconocidos. Pero, en lugar de descansar en ese deseo básico, los valores culturales imperantes nos empujan a una carrera interminable por mantener la imagen, el estatus y la corrección. Nos identificamos con esa búsqueda, con la idea de que ser «mejores» es tener más control. Y así, el error y la vulnerabilidad se convierten en enemigos. Es más, cuando alguien señala una debilidad, sentimos que perdemos el control sobre lo que piensan de nosotros. Entonces aparecen las tres reacciones básicas: atacar, huir o esconderse. Como quien reacciona a la defensiva ante una crítica del jefe, o quien se encierra tras una discusión con su pareja, o el niño que se tapa los oídos para no escuchar una regañina. Actuamos así porque nos da miedo perder valor, nos da miedo que nos quiten la pertenencia. La cultura moderna nos dice que debemos ser fuertes, serenos, racionales, pero no nos enseña a tolerar la vulnerabilidad que aparece cuando sentimos que algo se desmorona dentro de nosotros. Y ahí nace el conflicto, porque **cuando perdemos el control, sentimos que perdemos el valor. Y para compensar esa pérdida, intentamos recuperarlo de cualquier forma: con orgullo, con manipulación, con distancia.** Los celos, por ejemplo, nacen justo de esto, de la sensación de perder el control del lugar que ocupamos en la mirada del otro; aparecen cuando sentimos que nuestro valor para el otro está en riesgo. Sé que los celos es un tema candente e interesante, pero he optado por no abordarlos de forma independiente porque, en realidad, son la consecuencia natural de querer controlar el reconocimiento que recibimos. Por eso los he incluido en este capítulo.

Debemos tener claro que hay cosas que simplemente no podemos controlar, como la atracción, la simpatía y la evolución de las relaciones. No podemos evitar que nuestra pareja se sienta cercana a alguien del trabajo o que un amigo conecte más con otra persona en un determinado momento. Podemos sentir dolor, pero no impedirlo. Lo que nos destruye no es el hecho en sí, sino la lucha contra lo inevitable. Cuando luchamos contra lo que no depende de nosotros, perdemos energía y profundizamos el conflicto. Los celos, la manipulación, el egoísmo, el afán de dominio…, todos nacen del mismo lugar, de la vulnerabilidad de quien teme ser excluido. Y la cultura, en lugar de ayudarnos a comprender esa vulnerabilidad, la juzga. Nos dice que ciertas emociones son malas, que sentir celos o miedo es una señal de debilidad. Así, en lugar de acompañar lo que sentimos, lo negamos. Y lo que negamos se nos pudre dentro.

Sería mucho más sano mirar esos impulsos con curiosidad, sin moralizarlos. Entender que detrás de cada reacción hay una emoción que busca protección. Si pudiéramos acercarnos al otro desde la comprensión y no desde el juicio, todo sería más fácil. Volviendo al ejemplo anterior, imaginemos que un miembro de la pareja confiesa sentir celos. Si el otro responde diciendo: «Entiendo lo que te pasa», en lugar de burlarse o castigarlo, se abre un espacio de calma. Esa actitud educa sin imponer. Porque, aunque no nos demos cuenta, al relacionarnos siempre educamos; enseñamos con nuestra manera de reaccionar, con nuestra forma de escuchar.

Son las connotaciones culturales, que nos vuelven rígidos, las que crean dificultades. Tenemos tan interiorizado lo que «debería ser» que nos cuesta tolerar la torpeza emocional del otro. Queremos corregirlo, controlarlo, que sienta de otro modo. Pero, en realidad, lo que más sana no es tener la razón, sino dar espacio. Si pudiéramos ser los primeros en bajar la guardia, en perdonar antes que exigir, en aceptar antes que imponer, aprenderíamos a discutir de otra manera. No se trata de renunciar a uno mismo, sino de dejar de luchar contra la naturaleza humana.

Si observamos con detenimiento el asunto, muchas veces esos límites se establecen desde el enfado, desde la autoridad, desde el castigo, como si dijéramos: «Como te pasaste, ahora impongo una nueva regla». Y entonces volvemos otra vez a la misma dinámica: cuanto más creo que puedo perderlo, más límites invento, porque antes no los había calculado, no había previsto que esa acción del otro me iba a desestabilizar. Por eso el control tiene mucho que ver con nuestra sensación de seguridad, porque nos sentimos seguros cuando tenemos la impresión de que controlamos la situación, de que podemos predecir lo que pasará. Si el contexto es seguro, es decir, si puedo confiar en que no me harás daño, siento control; si es inseguro, si no puedo predecir tus actos y temo desestabilizarme, lo vivo como un trauma. Así que está bien entenderlo de esta manera: el control es una necesidad instintiva de proteger o de transformar un contexto en un lugar seguro, ya sea una relación, una familia, un grupo de trabajo o una sociedad entera. Y entonces se hace evidente que no se trata de juzgar si el control es bueno o malo, sino de comprender cómo funciona y por qué aparece para poder dar el siguiente paso. Los límites son, en el fondo, actos de cuidado, intentos de prevenir el daño. El problema surge cuando se usan como castigo, cuando no nacen del diálogo, sino del enfado. Así que se transforman en nuevas formas de control: «Como me hiciste daño, ahora impongo una regla». Cuanto más miedo tengo de perder algo, más reglas invento. Es el reflejo de un sistema nervioso que intenta protegerse. Y de nuevo aparece la paradoja: cuanto más controlo, menos libre me siento; cuanto más quiero asegurar el vínculo, más lo asfixio.

En esta radiografía de lo que significa el control, hemos de tener en cuenta que no todo control es negativo. Hay formas de control que son necesarias: las reglas, las normas, los límites. A escala social, por ejemplo, las leyes existen para garantizar una base de seguridad. Son formas colectivas de gestionar la incertidumbre. Tenemos normas que regulan la convivencia, que nos dicen qué es respeto, qué es justicia, qué está permitido y qué no, y eso nos proporciona seguridad. En la pareja o con las amistades sucede lo mismo, solo que, en lugar de leyes, hablamos de valores, de pactos, de límites. Cuando decimos: «Conmigo no puedes hablar con insultos» o «yo necesito que me avises si vas a llegar tarde», estamos poniendo un límite que, en el fondo, busca controlar que no nos hagan daño, que no nos falten al respeto. Es decir, sobrepasar ese límite acarrea consecuencias, como cuando en una amistad decides alejarte de alguien que siempre rompe tus acuerdos y en el trabajo decides marcar tu frontera cuando tu jefe te exige horas extra sin reconocerlas.

Por eso, entender el control es entender el miedo. Cuanto más seguros nos sentimos, menos necesitamos controlar.

El control es una forma de defensa, una manera de transformar un entorno incierto en un lugar predecible.

Si confío en ti, no necesito revisar tu teléfono. Si sé que puedo hablar contigo sin que me humilles, no necesito reglas constantes. Pero cuando el contexto es inseguro, cuando temo tu reacción, el impulso de controlar se dispara. La clave no está en eliminar el control, sino en reconocer su función. Verlo como lo que es, una estrategia de supervivencia emocional. Aceptar la debilidad, la duda y la vergüenza es una forma de madurez. Porque, al fin y al cabo, el control es solo un intento de no perder el valor que creemos tener para los demás. Y eso es lo que más nos cuesta reconocer, que detrás del impulso de controlar no hay poder, sino miedo.

Quizá por esa razón, el aprendizaje que sigue al control es la aceptación. Aceptar no significa resignarse, sino reconocer lo que no podemos controlar y, desde ahí, crear nuevas formas de relación. Dejar de pelear con la vida y el control de esta para aprender a estar en ella. ¡Avancemos!

La aceptación

Entre los conceptos más presentes —y más malinterpretados— en las conversaciones sobre crecimiento personal o las relaciones se encuentra la aceptación. A primera vista, parece sencillo, casi una actitud pasiva ante lo que ocurre, como si aceptar fuera un instante mágico en el que de pronto todo deja de doler. Pero la realidad es mucho más compleja. Aceptar suele ser una de las tareas más difíciles, porque nos obliga a reconocer lo que es incómodo, que no todo depende de nuestra voluntad. Por más que luchemos contra ciertas realidades, muchas permanecen ahí, tercas, recordándonos una y otra vez que el control es una ilusión.

No aceptar es quedarnos atrapados en un conflicto constante con la vida, con los demás y con nosotros mismos. Aceptar, en cambio, no significa resignarse ni dejar de desear cambios, sino soltar la pelea con aquello que no se mueve, aunque lo empujemos con todas nuestras fuerzas. Es dejar de ver la vida como una guerra y empezar a mirarla como un juego en el que la estrategia no siempre persigue vencer, sino moverse con inteligencia, esquivando los golpes innecesarios. Hay comportamientos que, naturalmente, resultan inaceptables —la injusticia, el abuso, la violencia—, pero, incluso frente a esos, la aceptación funciona como la digestión del pasado y del futuro: el reconocimiento de lo que fue, lo que es y lo que aún no puede cambiarse.

Aceptar no es rendirse ante la vida, sino dejar de batallar contra lo inevitable para poder transformarlo de otra manera. A veces creemos que solo podemos cambiar las cosas a base de fuerza, pero muchas transformaciones llegan precisamente cuando dejamos de resistirnos, cuando observamos con serenidad lo que nos incomoda y elegimos otra forma de actuar. No se trata de exponerse al daño, sino de dejar de sostener la pelea que lo alimenta. En lo cotidiano, esto se ve con claridad. En la pareja, aceptar puede significar reconocer que el otro no ama como a uno le gustaría o que expresa su cariño de un modo distinto. En el trabajo, aceptar puede ser entender que el jefe no cambiará su estilo de liderazgo por más reclamos que hagamos. En lo social, aceptar puede ser asumir que las injusticias no desaparecen al ritmo que quisiéramos. La no aceptación nos deja estancados en la frustración, repitiendo una y otra vez el mismo intento de cambiar lo que no cambia. Aceptar, al contrario, abre un nuevo espacio, el de elegir desde otro lugar, el de usar la energía para actuar donde sí tenemos influencia.

El problema es que culturalmente asociamos la aceptación con la debilidad. Pensamos que aceptar es rendirse, que los valientes son los que luchan sin descanso, aunque esto no sea bajar los brazos, sino cambiar de estrategia. Es reconocer que hay batallas que no merecen pelearse y que insistir en ellas solo nos agota.

Aceptar es soltar la moral y el juicio sobre cómo «deberían ser las cosas» y mirar la realidad tal como es, no como la cultura nos enseñó que debía ser.

La biología nos recuerda algo que la moral suele olvidar: la vida no sigue las normas culturales. Evolucionamos por adaptación, no por perfección. Sin embargo, seguimos defendiendo ideas, creencias y razones como si las hubiéramos creado solos, sin darnos cuenta de que son fruto del contexto que nos formó. Aceptar es también reconocer esa torpeza, la de creernos autores absolutos de nuestras ideas, cuando en realidad somos el resultado de muchas influencias.

Aceptar no es un hacer clic ni un instante de iluminación. Es un proceso continuo, un trabajo cotidiano que se pone a prueba cada día. Cuando muere alguien cercano, cuando perdemos una relación o un sueño, podemos pensar que lo hemos aceptado, pero cada mañana ese dolor vuelve de otra manera. Un día con serenidad, otro con nostalgia, al siguiente con rabia. La aceptación no borra el dolor, solo nos enseña a convivir con él. No significa estar bien desde ese momento en adelante, sino comprender que habrá días buenos y días malos, y que todos son parte de la experiencia.

Aceptar es reconocer que la felicidad no es un estado permanente, sino una emoción intermitente. Dormir mal, sufrir dolor físico, sentir la presión del trabajo, vivir en un clima social hostil, todo influye en cómo nos sentimos. Ninguna técnica de desarrollo personal puede borrar por completo esas condiciones. Aceptar es permitir que el malestar también exista, entender que sentirse mal no es un error personal, sino parte del recorrido humano.

Aceptar es admitir que las identidades cambian, que no existe un yo fijo, que el contexto moldea lo que somos. Déjame decirte que no somos tan libres como creemos. Decidimos, sí, pero nuestras decisiones están influidas por los códigos culturales, las creencias morales y los sistemas de valores, que actúan como filtros invisibles. Pensar que siempre podemos elegir, que existe un libre albedrío absoluto, es otra ilusión moderna. La aceptación consiste en reconocer esos condicionamientos para dejar de culparnos por lo que escapa a nuestro control, no para rendirnos.

Eso mismo se traslada a las relaciones. Cuando dos personas discuten, suelen defender con fanatismo razones que en realidad no son suyas, sino aprendidas. Cada uno protege un sistema de creencias que el entorno le inculcó, y así se polarizan en lugar de colaborar. Aceptar, en ese contexto, es mirar las diferencias no como amenazas, sino como habilidades complementarias. Es comprender que el otro no piensa contra mí, sino desde otro marco.

Aceptar no se circunscribe a los grandes asuntos —la muerte, la injusticia o el cambio social—, sino que se manifiesta sobre todo en lo cotidiano. Aceptar que bajo estrés decimos cosas que no queríamos. Aceptar que no siempre tenemos las palabras correctas, que el otro tampoco las tiene. La cultura nos ha entrenado para reaccionar mal ante la torpeza emocional. Aunque establecen límites necesarios, algunas frases habituales, como «no me hables así» o «eso no se dice», también muestran lo poco que toleramos la emoción cuando se expresa de forma desordenada. Muchas veces no nos hiere el contenido, sino la forma, y olvidamos que esta viene dictada por la emoción, no por la intención.

Yo mismo, cuando me enfado, a veces prefiero emitir sonidos o decir combinaciones de palabras inventadas, porque sé que las palabras comunes llegan cargadas con demasiadas connotaciones culturales y pueden malinterpretarse. Si usara esas palabras conocidas, el otro oiría su significado cultural, no mi emoción real. Por eso practico lo que llamo «traducción emocional»: escucho más allá de las palabras, intento captar la emoción detrás del ruido. Cuando alguien habla desde la frustración, el cansancio o la tristeza, no escucho lo que dice, escucho cómo lo dice. No me quedo en el significado literal, sino que busco el pulso humano que hay detrás.

Las palabras pesan demasiado para algo tan cambiante como una emoción. Decimos «tristeza», pero no existe una sola tristeza, igual que no hay una sola rabia o un solo miedo. Cada emoción tiene matices infinitos, como una avenida con miles de puertas. La palabra solo apunta en una dirección. Por tanto, cuando alguien se expresa desde la emoción, no se trata de juzgar su forma, sino de acompañar su contenido.

La sociedad, sin embargo, nos exige una perfección imposible. Nos pide mantener la calma, controlar cada gesto, reaccionar con diplomacia incluso en medio del caos. Y cuando no lo logramos, nos castigamos. Pedimos al otro que sea impecable mientras nosotros tampoco lo somos. La aceptación rompe esa doble moral. Nos recuerda que la vida no pide perfección, sino humanidad. Aceptar no es tolerar lo intolerable. Si alguien te agrede, te humilla o te anula, la salida es poner límites claros. Pero en los pequeños choques cotidianos —las discusiones de pareja, las tensiones en el trabajo, las diferencias con amigos— aceptar la torpeza puede evitar que el conflicto se convierta en herida.

Aceptar no es justificar, sino comprender. Es mirar la reacción del otro como un intento fallido de gestionar algo que lo sobrepasa. Es no convertir cada error en traición ni cada palabra desafortunada en ofensa. Cuanto más capaces seamos de sostener esas diferencias, más contribuiremos a crear espacios seguros en los que el conflicto no se viva como una amenaza, sino como parte de la convivencia.

En definitiva, aceptar es dejar de exigirnos lo imposible. Es darnos permiso para fallar, para sentir, para no saber. Es entender que la vida no nos pide grandeza ni control, sino presencia. Cuando aceptamos nuestra humanidad y la de los demás, discutimos mejor, nos acompañamos mejor y, sobre todo, nos entendemos con menos juicio y más verdad. Aceptar, al final, es rendirse ante la evidencia de que no todo sigue las leyes morales que imaginamos, sino las biológicas, las evolutivas, las que nos recuerdan que somos seres emocionales, imperfectos y profundamente dependientes unos de otros.

Y entonces solo queda dar el siguiente paso, el de comprender qué función cumplen esas emociones que nos atraviesan y aprender a convivir con ellas sin intentar controlarlas todo el tiempo.

Las emociones

Las emociones sostienen lo más bello de la conexión humana —la ternura, la alegría compartida, la sensación de estar en paz con otros—, pero también son el punto de partida de los conflictos más intensos. De ahí la necesidad de detenerse a preguntar qué es, en realidad, una emoción.

Desde la biología, se observan descargas químicas, cambios hormonales y reacciones neurológicas. Sin embargo, lo que llamamos «emoción» es ya una interpretación, una narrativa que une lo que sentimos en el cuerpo con lo que entendemos del mundo. Lo que experimentamos como «culpa» o «alegría» no es una sustancia, sino una traducción. En el fondo, solo distinguimos sensaciones de bienestar o malestar, de seguridad o amenaza, que luego vestimos con palabras y códigos aprendidos en nuestra cultura. Por eso las emociones no existen como entidades con nombre; existen como sensaciones que la mente traduce simbólicamente. La emoción es la intersección entre lo que percibimos dentro y lo que interpretamos de fuera. En ese proceso, el cerebro no actúa como una cámara que registra el presente, sino como un narrador que lo completa con información previa. La psicología cognitiva llama a esto «estímulo de ambigüedad multiestable»: la mente no percibe un hecho de forma limpia y objetiva, sino que lo predice y lo rellena con recuerdos, asociaciones y significados aprendidos. Así, la misma sensación corporal puede traducirse en culpa, rechazo o inseguridad, dependiendo del marco narrativo disponible. La palabra que elegimos para nombrar lo que sentimos ya condiciona el modo en que lo vivimos. Sentir incomodidad en una reunión puede transformarse en culpabilidad si pienso que no he cumplido con mis responsabilidades, en traición si creo que alguien actuó contra mí o en inseguridad si temo no estar a la altura. En la pareja sucede igual. Una misma mirada puede leerse como rechazo, cansancio o tristeza, y cada lectura despierta una emoción distinta, aunque la sensación inicial sea igual.

Durante años se creyó que el cerebro tenía un hemisferio racional y otro emocional, pero la neurociencia ha demostrado que eso es un mito. Ambos hemisferios trabajan juntos: lo racional y lo emocional se retroalimentan de manera constante. Pensar afecta al sentir y sentir afecta al pensar. Lo que razonamos influye en nuestras emociones, y estas, a su vez, orientan nuestras decisiones. Por eso no podemos separar mente y emoción; son parte del mismo circuito.

Seguro que te ha pasado que, en cuanto logras poner nombre a lo que sientes, aparece un alivio inmediato. Es como cuando un médico ofrece un diagnóstico: no cura, pero tranquiliza porque da sentido. En psicoterapia sucede lo mismo. Cuando el terapeuta dice: «Esto se parece a la tristeza» o «esto suena a culpa», no cambia la sensación, pero ordena el caos. Nombrar lo que ocurre calma el sistema porque el cerebro, al reconocer un patrón, recupera la sensación de control. Pero conviene recordar que ese nombre no es una verdad absoluta, sino un símbolo. La llamada «inteligencia emocional» consiste justo en acercarse a la emoción con honestidad, sin aspirar a definiciones exactas, sino buscando un lenguaje compartido que nos permita reconocernos en medio de la confusión interna. En ese sentido, las emociones son más un puente que una esencia, una forma de conectar lo interno con lo aprendido.

La neurocientífica Lisa Feldman Barrett ha desarrollado la teoría de la emoción construida, según la cual las emociones no existen como entidades biológicas fijas, sino que el cerebro las construye en cada instante a partir de sensaciones corporales, experiencias previas y conceptos culturales. No sentimos «ira» o «alegría» como reflejos automáticos, sino como interpretaciones. El cerebro predice y categoriza estados internos usando los conceptos emocionales que ha aprendido a lo largo de la vida. Sentir, entonces, es un acto creativo. Lo interesante de esta teoría es que también nos ofrece esperanza, pues si las emociones se construyen, pueden reconstruirse. Nuestro cerebro es plástico, y las experiencias nuevas —personales, sociales o culturales— pueden modificar la manera en que interpretamos lo que sentimos. Si cambiamos la narrativa que da significado a una sensación, cambia también la emoción que esa sensación produce. No se trata solo de inteligencia emocional, sino de una inteligencia psicosocial que comprenda por qué sentimos como lo hacemos y de qué modo podríamos sentir de otra manera si modificamos tanto lo interno como el contexto que lo provoca. Esto implica que muchas dificultades emocionales no son fallos individuales, sino reflejos de contextos sociales poco sanos. Son tramas simbólicas que nos empujan a sentir de una determinada manera. Hablamos de «depresión», «soledad» o «culpa» como si fueran entidades universales y claramente definidas, pero esos nombres, aunque útiles para la comunicación y el diagnóstico, también moldean la experiencia.

Las etiquetas delimitan la realidad, y lo que nombramos termina dándole forma. Son atajos simbólicos que ordenan el mundo, pero también nos pueden encerrar en él.

A veces imagino un experimento social en el que el insulto tuviera una connotación positiva, como si animáramos a la gente a buscar las mejores palabras para liberar el enfado. Un intercambio de gritos se celebraría después con un abrazo, entendiendo que no se trataba de ofender, sino de expresar la energía acumulada. Con la tristeza lo hacemos, ya que aceptamos las lágrimas como catarsis. La alegría incluso la celebramos. Pero el enfado sigue siendo una emoción prohibida, como si expresar rabia fuera moralmente incorrecto. El discurso contemporáneo nos dice: «Expresa tus emociones», pero en la práctica social no se sostiene porque quien expresa enfado es etiquetado de conflictivo o inmaduro. La polarización cultural nos ha hecho confundir la expresión emocional con la agresión. No toleramos el grito como un desahogo, lo leemos como un ataque. Pero, si las emociones son construcciones sociales, ¿qué pasaría si inventáramos otra arquitectura emocional colectiva? ¿Qué nuevas narrativas podríamos crear para que el peso de la rabia, el miedo o la culpa no siguiera instalándose en el cuerpo como un muro, sino como un puente hacia la convivencia? Creo que aceptar que las emociones se construyen nos obliga a mirar también cómo las vivimos colectivamente. Una gran parte de lo que llamamos emoción nace en estado de alerta y de sistemas históricos de defensa, de las alarmas culturales que protegen la imagen ideal de uno mismo. Son reacciones que, en su origen, servían para la supervivencia, pero que en las interacciones humanas modernas generan desconfianza.

Cuando dos personas discuten desde ese clima de alerta, no aparece solo un choque de opiniones, sino también un contexto compartido de inseguridad. Ninguno se siente a salvo y ambos entran en modo protección. En una discusión de pareja se observa con claridad, porque cada postura se vive como un ataque al valor del otro. En ese instante, la amígdala cerebral percibe peligro y bloquea una parte del córtex prefrontal, la zona que permite analizar con calma y relativizar los hechos. El resultado es que la relación se convierte en un campo de defensa. En ese estado, el cuerpo prioriza la supervivencia por encima del razonamiento. Por eso, bajo estrés, decimos cosas que luego lamentamos. No es falta de respeto, sino escasez momentánea de recursos. En el trabajo, cuando alguien al límite responde con tono seco, o en la familia, cuando una conversación cotidiana termina en gritos, lo que suele ocurrir no es maldad, sino saturación. El cuerpo actúa como si estuviera en peligro real, reduciendo la capacidad de pensar.

Si pudiéramos mirar al otro desde esa comprensión —como alguien limitado en ese momento, como un sistema nervioso en defensa—, muchas ofensas se desactivarían. No se trata de justificar, sino de entender. De reconocer que el enfado, el miedo o el sarcasmo del otro pueden ser reflejos de su vulnerabilidad. Lo mismo sucede a gran escala, en lo social. Cuando los discursos se polarizan, cada grupo ve al otro como una amenaza. Antes de escuchar, ya estamos a la defensiva. **Necesitamos imaginar una educación emocional que no se limite al individuo, sino que sea colectiva. Aprender no solo a identificar lo que sentimos, sino también a sostener lo que el otro siente sin interpretarlo como un peligro. Educar para convivir mejor, no solo para conocerse mejor.**

Si casi todos vivimos en modo protección, lo urgente, en lugar de seguir defendiendo nuestras murallas internas, es construir espacios de confianza. Pasar del yo al nosotros. Sustituir la lógica de la oposición por la de cooperación. Transformar la desconfianza en comunidad.

Y ahí entra en escena la pregunta que abre el próximo capítulo. Si comprendemos que las emociones se construyen y que su expresión depende del contexto, ¿dónde está el límite entre sostener una emoción ajena y permitir que esta nos dañe? ¿Cómo discernir entre acompañar y ser maltratado emocionalmente? Esa es la frontera que necesitamos explorar para poder discutir —y convivir— mejor.

Los límites

En los últimos años ha ido ganando terreno un discurso que me preocupa. Se trata de uno individualista y polarizante que, poco a poco, nos hace ver a los demás como una posible amenaza para nuestro equilibrio o nuestra autoestima. Esta tendencia, que se disfraza de independencia emocional, promueve una autosuficiencia que en apariencia empodera, pero que, en realidad, nos separa. **Cuanto más énfasis ponemos en no necesitar a nadie, más difícil se vuelve mantener los vínculos.** Desconfiamos del otro y debilitamos los lazos que nos sostienen. Dejamos de ver las relaciones como espacios de crecimiento compartido y empezamos a concebirlas como un riesgo a nuestra estabilidad.

Detrás de esta lógica se esconde un mecanismo muy humano, el miedo a la vulnerabilidad. Protegernos parece más seguro que vincularnos. Y, en esa búsqueda de protección, recurrimos a los límites, como si fueran murallas que nos preservan del peligro. No hablamos aquí de fronteras físicas, sino de líneas emocionales y simbólicas que trazamos —a veces de manera consciente, otras no— para intentar mantener el control. Hablar de límites, sin embargo, exige cuidado. Los límites son frágiles y variables, se mueven con la historia, la experiencia y el contexto de cada persona. Un límite no se impone a golpes, se entiende con atención y escucha.

Es obvio que todos tenemos límites generales, pero aprender a reconocer los del momento y decidir dónde colocarlos requiere inteligencia emocional. Poner un límite no es encerrarse tras un muro, sino decir con claridad hasta dónde llega mi capacidad de sostener una situación hoy, sabiendo que mañana quizá cambie. Por eso **el límite no puede ser: «Yo mando sobre mi territorio», sino que debe ser: «Cuidemos la forma de estar juntos».**

Normalmente, nuestros límites están influenciados por el pasado, por lo que aprendimos y por las heridas que todavía condicionan nuestra ventana de tolerancia. Por esta razón, lo que a alguien le parece una reacción exagerada es para otra persona un acto de autoprotección legítimo. **Los psicólogos Henry Cloud y John Townsend definieron hace años los límites sanos como «una forma de proteger nuestra responsabilidad sin aislar nuestro corazón», una frontera que no separa, sino que ordena.**

Pensemos en un ejemplo sencillo. Dos adolescentes comienzan a bromear dándose empujones. Pese a que empieza como un juego, los golpes se intensifican y, sin pretenderlo, terminan en una pelea seria. El límite se hace visible solo cuando aparece el dolor físico. En el plano psicológico ocurre algo similar, pero más sutil. Los golpes son las palabras, los gestos o los silencios. No siempre hay moratones, pero sí heridas invisibles. Así, por ejemplo, a alguien a quien llamaron «gordo» durante años en el colegio, esa palabra repetida lo fue desempoderando. Años después, su pareja lo llama «gordi» con cariño. A él no le suena dulce, sino como un eco del pasado. El límite se activa, no por la intención de quien lo dice, sino por la memoria que lleva inscrita. Por esta razón, el concepto de límite es tan delicado; una frase puede ser ofensiva en un vínculo y amorosa en otro.

El error es esperar que el otro adivine nuestros mapas de sensibilidad. Muchas veces el límite aparece tarde, cuando ya estamos saturados. A eso lo llamamos «límite reactivo», porque surge cuando el malestar se acumula y explota en un momento de frustración. Por eso es tan importante el «límite preventivo», el que se comunica a tiempo, con calma, antes de que el dolor se convierta en estallido. Este tipo de límite es un acto de coeducación: hablar de nuestras vulnerabilidades no para exigir, sino para enseñar a comprendernos mejor.

Recuerdo que, al iniciar una relación, le dije a mi pareja: «A partir de ahora, todo lo que me ocurra será culpa tuya. No en términos reales, claro, sino porque cultural y lingüísticamente estamos programados para culpar al otro. No te lo tomes como algo personal, solo es una forma de hablar». Con los años, he aprendido que discutir mejor empieza por descodificar lo que hay detrás de las palabras. Muchas veces no atacamos, nos defendemos. La forma torpe con la que nos expresamos es una herencia cultural.

En *Comunicación no violenta*, Marshall Rosenberg propone algo parecido: sustituir el juicio por la observación, la exigencia por la petición y la reacción por la empatía. Hablar desde lo que sentimos y necesitamos, sin buscar culpables, convierte la discusión en un espacio de aprendizaje.

Coeducar no es solo un ideal bonito, se trata de una práctica cotidiana. En pareja, significa poder hablar desde el principio de las palabras o los tonos que nos resultan sensibles. También implica reconocer nuestra propia torpeza. Cuando advertimos de nuestras fragilidades a tiempo, el límite se convierte en prevención y no en castigo. Así se crean vínculos más flexibles y seguros, en los que ambos saben que las emociones no son armas, sino información. Los acuerdos que surgen de esa coeducación y cocreación de límites fortalecen la relación:

- Aceptamos que nuestras palabras pueden herir incluso sin intención.
- Recordamos que, ante un error, la otra persona probablemente no quiso dañar.
- Reconocemos que cada uno carga con un lenguaje social aprendido.
- Nos comprometemos a avisar si algo nos vulnera antes de que se transforme en reproche.

Quiero hablarte de otro término interesante. La profesora Amy Edmondson, de la Universidad de Harvard, acuñó el concepto de «seguridad psicológica», que viene a ser la confianza de poder expresar las ideas o las emociones sin miedo al castigo. Esa seguridad es la base de los límites sanos. Cuando un entorno es seguro, no hacen falta muros, solo consensos. En cambio, cuando el contexto resulta rígido o punitivo, los límites se convierten en trincheras. Como parece lógico, esta idea no se limita a las relaciones de pareja. En la familia, anticipar los límites puede evitar muchas explosiones. Un adolescente que necesita intimidad no debería tener que encerrarse a gritos para ganarla. En un equipo de trabajo, acordar los turnos de palabra o los tiempos de descanso impide que alguien termine gritando: ¡Déjame hablar!». **Los límites preventivos crean orden y respeto; los reactivos llegan con sabor a castigo.** Y es así porque nacen de ese tipo de diálogo interno y externo. Supone reconocer mis vulnerabilidades antes de que exploten. Siempre será más provechoso para todos decir: «Cuando me siento desbordado, tiendo a culparte; no es lo que pienso, es mi forma torpe de pedir ayuda. Si lo notas, recuérdame que lo hablemos».

Nadie puede adivinar lo que pienso o siento. Por eso, los límites no se declaran al grito de «no puedo más», sino en la conversación que lo evita. Discutir mejor no es reprimir el enfado, sino expresarlo sin destruir.

La palabra no es el enemigo, es el medio. Las palabras no describen el sentir, lo defienden. Si logramos no tomarlas tan en serio y escuchar lo que hay detrás, los límites se vuelven espacios de cuidado mutuo.

Por miedo a perder el vínculo, muchas personas ceden hasta desaparecer. Aceptan las prohibiciones y renuncian a las amistades y a los espacios propios, y el límite, que debía protegerlos, termina borrándolos. La coeducación consiste en sostener dos necesidades a la vez, la mía y la del otro. Se trata de diseñar reglas de convivencia que no asfixien a nadie. Eso requiere entender que tomarse en cuenta el uno al otro es difícil, porque nuestras percepciones del riesgo no son iguales. Lo que para mí es un gesto cotidiano, para ti puede ser una amenaza. Pensemos en una pareja. A uno le incomoda que el otro hable con cierta persona y lo dice. Si quien recibe la queja reacciona a la defensiva —«¡no pienso soportar tus celos!»—, el conflicto se agrava. Pero puede responder desde la coeducación —«entiendo que te preocupa, y también necesito mi libertad; busquemos juntos cómo sentirnos seguros los dos»—, transformando el límite en acuerdo. No se justifican los celos, se desactiva su raíz. Según la teoría del apego de John Bowlby, las personas con miedo al abandono tienden a interpretar los gestos del otro como señales de amenaza. El desafío no es eliminar ese miedo, sino crear un contexto en el que no se reactive todo el tiempo. La coeducación, en ese sentido, es un acto de empatía práctica; implica construir un espacio donde nadie tenga que gritar para ser escuchado.

El error más común es pensar que los límites son un asunto individual, como si fuéramos islas. La psicología comunitaria nos recuerda que la autoestima y la autopercepción dependen del entorno, de cómo nos miran, de qué normas rigen, de qué cultura sostenemos. En sociedades competitivas, en las que se premia la dureza y la desconfianza, es normal que el límite se viva como defensa y no como cuidado. Pero si entendemos que el bienestar del otro también repercute en el nuestro, los límites dejan de ser muros y se convierten en puentes.

A menudo confundimos límite con control. Frente a la inseguridad, intentamos controlar al otro, aunque lo llamamos «poner límites». Decimos «no hables con esa persona» o «no hagas esto» porque creemos que eso protege el vínculo, cuando en realidad lo asfixia. Cuidar no es prohibir. Acompañar la vulnerabilidad del otro no significa borrar la propia voz. Toda interacción emocional genera una cadena: mi tristeza puede provocar culpa en ti, tu culpa puede despertar defensa, tu defensa puede detonar mi agresión, y así sucesivamente. Ese ciclo no se rompe con más control, sino con normas compartidas que frenen el pico antes de que la bola crezca.

Podríamos resumir este interesante capítulo así: los límites son frágiles porque son humanos. Se mueven con la biografía y con la cultura. Se vuelven más claros cuando se coeducan en calma. Cuan-

do llegamos tarde, el límite es reactivo y duele más; cuando llegamos a tiempo, es preventivo y cuida. No se trata de buscar a la persona ideal ni de exigir perfección, sino de aprender a hablar, acordar
y sostener juntos. En última instancia, poner límites no es levan-
tar muros, sino construir entornos en los que casi no haga falta po-
nerlos. Espacios donde el respeto se sostenga solo, sin castigo ni
control, desde la claridad y el acompañamiento. Esa es, quizá, la
manera más honesta de protegernos sin perdernos, de cuidarnos sin
anularnos. Y, sobre todo, de seguir aprendiendo a discutir mejor.

La infidelidad

Tenía dudas de si debía abordar la infidelidad en el libro, pero he decidido hacerlo porque es un asunto bastante frecuente en las sesiones de acompañamiento que llevo a cabo.

La infidelidad suele explicarse siempre desde lo individual, como si fuera una decisión que alguien toma de manera consciente y aislada, como si se tratara de un acto puntual de traición en el que lo único que importa es la voluntad de la persona que lo comete. Por supuesto, hay una elección personal, nadie niega eso, pero casi nunca se toma en consideración el plano social, cultural y contextual en el que esa decisión se da. Porque hay algo que siempre está en juego, y es la tentación de lo prohibido.

Lo prohibido no solo genera deseo por sí mismo, sino porque en lo cultural se le otorga un valor, como si fuese lo verdaderamente excitante, como si solo ahí pudiéramos encontrar la libertad. Y, al mismo tiempo, es como si el amor de pareja se sostuviera justo por resistir esa tentación. En el fondo, no estamos tan lejos de la imagen bíblica de Eva y la manzana. Lo prohibido aparece, provoca curiosidad, despierta la sensación de estar eligiendo, y entonces se activa la idea de traición y pecado. Ahora bien, la gran mayoría de las veces la infidelidad no aparece en un terreno neutro, no surge como un rayo caído del cielo sobre una pareja que estaba viviendo una relación buena y estable. Suele surgir cuando existe un malestar previo, cuando la relación ya no ofrece el mismo bienestar, cuando se mantiene la relación más por miedo a perderla que por un disfrute real. En muchas ocasiones, la persona que es infiel no se atreve a terminar o a transformar la relación y espera que algo externo provoque el cambio. Y eso casi siempre es otra persona, alguien que aparece en un momento de rutina, que de repente genera atracción, y empieza la infidelidad. Porque puede considerarse que es entonces cuando la infidelidad siembra sus raíces, no cuando se materializa en un encuentro sexual, por ejemplo (todo esto, por supuesto, dependerá de los códigos de pareja que hayamos establecido entre ambos, cuya importancia ya mencionamos varios capítulos atrás).

Estos gestos funcionan como un recurso, como pasar de árbol en árbol sin soltar la liana, sin tocar el suelo, evitando el vértigo de la soledad o el conflicto abierto.

Podemos distinguir distintas formas de infidelidad. Está la que surge de manera puntual, como consecuencia de una atracción inesperada, y está la más compleja, la que se sostiene en el tiempo, cuando la persona acaba viviendo una especie de vida paralela. En este segundo caso entramos en lo que podríamos llamar un poliamor no acordado, un doble vínculo en el que una de las relaciones asegura amor, estabilidad y familia, mientras que la otra satisface deseos sexuales y fantasías o mantiene viva la sensación de novedad. El término «amante» aparece a menudo como quien cumple los sueños sexuales que no tienen cabida en la pareja estable, porque la rutina, la convivencia o la llegada de hijos hacen que el deseo disminuya, so-

bre todo cuando ya no se exploran nuevas formas de intimidad. Entonces la pareja sigue siendo hogar, compañía y seguridad, pero la
pasión se busca fuera. Y lo más llamativo es que muchas veces no se
hace con intención de destruir la pareja, sino de sostener dos necesidades a la vez: la del apego y la del deseo. El contexto cultural también tiene mucho que ver en esto. El porno, por ejemplo, ha instalado narrativas en las que la infidelidad aparece como excitante, como
algo que genera morbo, en las que la sexualidad se muestra ligada a
una búsqueda constante de variedad, de pruebas, de posturas, de
experiencias. Eso hace que muchas personas sientan que tienen que
probar lo que en su pareja no encuentran no tanto porque lo hayan
decidido, sino porque han interiorizado esas expectativas. **El contexto nos provoca necesidades que no siempre nacen de nosotros,
pero que sentimos como si fueran propias.** Ahora bien, quiero
recalcar que esa madurez en el amor debería pasar por identificar y
diferenciar qué es una necesidad real y qué es una necesidad creada.
Y también por intentar buscar un encuentro, un reencauzamiento y
una solución con tu pareja estable antes de salir a buscar fuera lo que
crees estar necesitando.

Si observamos a los adolescentes y a los jóvenes, la infidelidad
suele responder más a una presión social. La idea de que el valor de
un hombre o de una mujer se mide por el número de conquistas,
de que acostarte con varias personas te hace más atractivo, más de-
seable, más guay. Incluso cuando alguien ya ha elegido tener pareja,
se encuentra con esa tensión entre el compromiso y la presión del
grupo, como si tener muchas experiencias sexuales fuera un requisito para demostrar tu valía. De nuevo, la infidelidad no aparece
como un acto íntimo, sino como un reflejo del contexto que empuja y condiciona.

Otra cuestión bien distinta es cuándo empieza con exactitud la infidelidad. Para algunos se inicia cuando se mira a otra persona con deseo, pero para otros, cuando hay un beso o solo cuando hay sexo. También existe lo que llamamos «infidelidad emocional», que comienza mucho antes, en el momento en que empiezas a sentir cosas por alguien, aunque no haya pasado nada todavía. Ahí aparece un limbo: no has hecho nada concreto, pero ya estás dedicando energía, ya ocultas algo, ya hay una parte de ti que no compartes con tu pareja. Muchas veces ni siquiera estás seguro de lo que sientes, si es algo pasajero o real, si es recíproco o no, y sin embargo ya existe un movimiento hacia fuera que cambia la dinámica y la calidad de la relación. Lo que está en juego, en el fondo de esa mentira, es romper un acuerdo de forma unilateral, sin que la otra persona lo sepa, y esto, si somos objetivos, es privar al otro miembro de la pareja de la libertad de decidir sobre su vida con toda la información en la mano (o, por lo menos, con la misma información que tú posees). Si desde un principio habláramos con nuestra pareja de lo que empezamos a sentir por alguien, de qué puede haber detrás o de si puede solucionarse juntos, le devolveríamos la libertad de decidir qué hacer con su vida y con respecto a la pareja. El problema es que no se suele decir con tanta facilidad porque se da por hecho que el otro usará su libertad para separarse, con las consecuencias dolorosas que provoca, por la sensación de no tener el valor que esperamos albergar para el otro. Además, debería enfrentarse al dolor de ser el responsable de ese sufrimiento. Por eso, incluso en parejas en las que el amor ya estaba desgastado, descubrir una infidelidad se vive como una traición profunda. La identidad juega aquí un papel importante. Quien es infiel no quiere perder valor ni para la pareja ni para la persona con la que está siendo infiel y se esfuerza en sostener ambas imágenes a la vez. Quien sufre la infidelidad, por su parte, se aferra al acto como si fuera la prueba definitiva de que no es responsable del fracaso de la relación, a pesar de que la responsabilidad de la relación es compartida, o de permitir que entraran dinámicas rutinarias en las que el amor se iba consumiendo. En ambos casos, se protege la autoimagen, el valor propio, más que la relación en sí. Y, si volvemos a lo social, observamos que lo que llamamos infidelidad también depende de la cultura. En Occidente es un tabú central, pero en otras sociedades existen formas de poligamia normalizadas, a veces a favor del hombre, y otras de la mujer. Eso nos recuerda que la infidelidad no es un concepto natural e inmutable, sino una construcción cultural que define qué se considera traición y qué no.

Así pues, la pregunta no es solo por qué alguien es infiel, sino cómo podemos comprender entre todos qué hacer con esas dudas, con esas necesidades y con esos silencios. Aquí quiero introducir una cuestión ya tratada con anterioridad, la incapacidad de asignar un valor a lo que actualmente tenemos. Pierde valor porque se lo otorgamos a lo que imaginamos que sería la vida con esta persona tan maja que acabamos de conocer, mientras que la relación que tenemos va cada vez peor. Se pasan por alto todas las cosas positivas que aporta la relación actual, ya que la imaginación es tramposa y siempre nos hará pensar que será mejor que la realidad que estamos viviendo (esto incluye la futurible relación que estamos dudando en empezar).

Esta libertad de decidir otras posibilidades distintas a nuestra realidad hace que la relación parezca insuficiente y crea las tentaciones, como hablar de infidelidad o querer hacer minisalidas a escondidas de tu relación para probar cómo sería cumplir ese imaginario tentativo, sin perder la seguridad y el valor que logras con tu pareja. Hay que asumir que el romanticismo nos obliga a reaccionar, más que a entender lo sucedido, y provoca una separación traumatizante en la que la frase «me han roto el corazón» toma parte y genera una separación conflictiva, traumática e injusta.

El sentimiento de injusticia

Imagina que alguien parte una pizza en la mesa y reparte los trozos: dos para uno, otros dos para otro y solo uno para ti. La injusticia parece evidente porque se puede medir. El valor de cada pedazo es el mismo y no hay manera de disfrazar que el reparto resulta desigual. Ese resorte de pensar que es injusto es una reacción primitiva. Experimentos realizados por el primatólogo Frans de Waal mostraron que los monos capuchinos también reaccionan con enfado cuando observan que a otro se le da más recompensa por la misma tarea. En los niños humanos ocurre algo similar: el sentido de justicia aparece temprano, ligado a la comparación. Pero cuando hablamos de injusticia en las relaciones humanas, el terreno se vuelve mucho más resbaladizo. Lo que sentimos como injusto no es solo una desigualdad objetiva, sino una interpretación subjetiva de desequilibrio en la atención, el cuidado o el reconocimiento que recibimos.

En una pareja, por ejemplo, alguien puede decir: «Yo me sacrifico más que tú» y sentir que el otro no corresponde. Si invertimos la escena, también podría parecer injusto que uno espere que el otro actúe igual que él, como si la única manera de equilibrar fuera replicar los mismos gestos. **Se nos olvida que las formas de cuidar nunca son simétricas.** Lo que para una persona es esfuerzo, para otra puede ser natural. Lo que para uno es sacrificio, para otro puede ser simplemente una manera distinta de estar presente. El sentimiento de injusticia tiene más que ver con el valor que queremos tener para el otro que con los hechos concretos. Buscamos señales de que nuestra presencia cuenta, de que lo que hacemos tiene un peso en la vida ajena.

Sin embargo, cada persona, con su historia, sus referencias familiares y demás, construye un modo distinto de interpretar el valor y la flexibilidad hacia lo que considera que es justo. Lo que para uno es muestra de amor, para otro puede ser insuficiente o incluso invasivo. Por esta razón, el sentimiento de injusticia se enreda tanto con la percepción del reconocimiento. Queremos sentir que el otro nos otorga el mismo valor que nosotros le damos, y rara vez coinciden. Cuando decimos: «Esta persona es injusta conmigo» no siempre describimos una intención de dañar, sino una discrepancia entre nuestros códigos.

La psicología social lleva décadas estudiando esta sensación. **El psicólogo Melvin Lerner propuso la llamada «hipótesis del mundo justo», que es la tendencia a creer que cada cual recibe lo que merece. Cuando esa creencia se rompe, sentimos que algo esencial se ha quebrado.** En la vida íntima ocurre algo parecido. Nos cuesta aceptar que los vínculos no funcionan bajo una lógica de compensación exacta. Queremos que el amor sea proporcional, que la entrega vuelva convertida en gratitud, y cuando eso no pasa, aparece la herida del agravio.

Más que de injusticia, podríamos hablar de desequilibrio. Sin embargo, usamos la palabra «injusticia» porque la cultura nos ha enseñado a entender el malestar en términos morales. En el fondo, buscamos reequilibrar, pero, al usar el lenguaje del juicio —«esto es injusto»—, convertimos el malestar en una sentencia: «Tú estás haciendo algo mal». Y entonces se bloquea la conversación. Tal vez convendría hacer lo contrario: rebajar el reproche y aumentar la claridad. Si pudiéramos traducir el «no es justo» por el «siento un desequilibrio», la discusión dejaría de ser un tribunal y se volvería un diálogo.

Veamos un ejemplo. Una persona siente que ha sacrificado su tiempo y espera reciprocidad de la otra, pero ambas no miden igual el sacrificio. Una cuenta las horas de presencia; la otra, la calidad de esas horas. Si paso toda la tarde contigo, pero en realidad prefería estar en otro lugar, lo que para ti es compañía yo lo siento como pérdida. O imaginemos que estoy enfermo y espero que mi pareja, que ya tenía un plan con amigos, se quede conmigo en casa. Si decide marcharse un rato, puedo vivirlo como abandono, aunque quizá para ella no sea tan grave. Enseguida brota el «no es justo», cuando en realidad se ha producido un choque de necesidades con distinta intensidad. Porque si el otro se queda conmigo no por deseo, sino por obligación, la injusticia se multiplica en silencio. En cambio, si digo: «Me siento mal, me gustaría que te quedaras, pero entiendo que decidas ir a tus amigos, porque sé que me quieres y que esto también es importante para ti», abro la posibilidad de que la otra persona tome una decisión genuina, sin sentir que se le impone un deber. Y es curioso que, cuando ofrecemos esa libertad, muchas veces brota el cuidado espontáneo; el otro elige quedarse porque quiere, no porque deba. De esta manera, lo que cambia no es solo el comportamiento externo, sino la programación cognitiva, modificando la respuesta.

La mayoría de los conflictos nace de esas expectativas invisibles. No del acto mismo, sino de la distancia entre lo que esperábamos y lo que recibimos. Y esas expectativas no surgen del aire, están moldeadas por la cultura. Hemos aprendido que amar es renunciar, que la prueba del amor está en la prioridad absoluta y en la intuición mágica de lo que el otro necesita sin pedirlo. Cuando ese guion falla, lo llamamos injusticia. Pero lo que se produce es un desajuste de guiones. El otro, para sentirse valorado, no necesita lo mismo que yo.

La teoría de la comparación social, de Leon Festinger, explica que nos medimos constantemente respecto a los demás para construir sentido. No es una comparación racional, sino emocional; si el otro me cuida menos, siento que valgo menos. Así, la injusticia se vuelve una cuestión de identidad. No se trata de lo que recibimos, sino de lo que creemos que eso dice de nosotros.

En la amistad ocurre igual. Uno siente que siempre es él quien llama o propone los planes y dice: «No es justo que yo solo tire del vínculo». Pero el otro quizá ofrece otras formas de sostén, como estar disponible cuando se lo necesita u ofrecer calma o escucha profunda. El problema es que ese valor no coincide con el que esperábamos. En el trabajo, alguien se queda en la oficina hasta tarde y siente que hace más, mientras que otro aporta ideas o rapidez. Como esos aportes no se ven, parece injusto. En realidad, son contribuciones distintas: unas visibles, otras invisibles. Lo que duele no es el reparto, sino la sensación de falta de reconocimiento. Usamos la palabra «injusticia» cuando en realidad queremos decir: «Ya no puedo más». Y si el otro lo entiende como una acusación, en lugar de una solicitud de ayuda, el conflicto se enquista. La clave está en traducir «lo que haces está mal» por «lo que haces me está desbordando». Esa diferencia lo cambia todo.

Es necesario dejar claro que no todo desequilibrio es soportable. Cuando la diferencia en la carga emocional o práctica se vuelve demasiado grande, la saturación es inevitable. No porque alguien haya cometido un delito, sino porque el cuerpo y la mente se cansan de sostener más de lo que pueden. En ese punto, lo justo ya no importa; lo que importa es el desgaste.

El sentimiento de injusticia también se intensifica cuando concentramos todo nuestro bienestar en una sola relación. Si esperamos que nuestra pareja nos dé todo —atención, comprensión, compañía, distracción—, cualquier falta se vuelve un agravio. Pero ninguna persona puede serlo todo para otra. Diversificar el cuidado, mantener vínculos múltiples —amistades, familia, comunidad— no resta amor, lo protege. Cuando tengo otras manos alrededor, una ausencia no se siente como abandono, sino como parte de la vida compartida.

En la base de todo esto hay un malentendido cultural. Durante siglos, el romanticismo nos enseñó a medir el amor por la intensidad del sacrificio. Cuanto más se renuncia, más se ama. Pero esa ecuación convierte la entrega en una moneda de cambio. Amar no es competir en sacrificios, sino ofrecer desde la libertad. Si el otro se queda conmigo por deber, no hay justicia posible, solo obligación. Si, en cambio, puede elegir quedarse porque quiere, la relación recupera su equilibrio natural.

El sentimiento de injusticia, en el fondo, es una herida por no sentirse lo bastante visto. No es una falla moral del otro, sino el eco de nuestras propias carencias. A veces, lo que llamamos injusticia es solo una reactivación de antiguas memorias, de los momentos en que no fuimos atendidos, escuchados o reconocidos.

El trauma no constituye solo una herida del pasado, sino la forma en que este sigue vivo en nuestras conversaciones. Por eso un gesto menor puede doler tanto. No duele por su magnitud, sino por la historia que toca.

Mirar el sentimiento de injusticia con esa profundidad nos permite salir del bucle del juicio. No se trata de negar el malestar, sino de entenderlo. Lo injusto no siempre necesita un culpable; a veces solo precisa traducción. Si logramos expresar el dolor sin acusar, abrimos un espacio para que el otro lo sostenga sin sentirse atacado.

En este sentido, la madurez emocional no consiste en eliminar el sentimiento de injusticia, sino en interpretarlo mejor. Es entender que amar no es exigir que el otro actúe según mis códigos, sino reconocer que su manera de cuidar también es válida, aunque no coincida con la mía. Que no todo lo que no encaja con mi expectativa es desamor; a veces es solo diferencia. **Aprender a discutir mejor pasa por abandonar el rol de juez. Por dejar de usar la palabra «injusticia» como un martillo y usarla como un espejo. Por preguntarnos qué parte de nosotros se siente no vista y qué podemos comunicar en lugar de condenar.** Porque en el amor, la amistad o el trabajo no se trata de quién da más, sino de quién puede elegir cuidar sin perderse a sí mismo en el intento.

En resumen, lo que llamamos injusticia en una relación es, en realidad, un desequilibrio entre cómo cada uno entiende el valor y cómo espera que el otro lo sostenga. Ese desequilibrio es prácticamente inevitable, porque cada persona está hecha de historias, aprendizajes y culturas distintas.

El sentimiento de injusticia aparece una y otra vez como recordatorio de que no partimos del mismo punto, no como prueba de que alguien falla. Lo humano se juega justo ahí, en cómo logramos encontrarnos en medio de la diferencia.

Cuando comprendemos que el amor no se mide en sacrificios, sino en la trama amplia de gestos que, con el tiempo, nos recuerdan que seguimos siendo importantes, el sentimiento de injusticia pierde fuerza. Ya no es una acusación, sino un aviso suave de que hay algo que ajustar. Y entonces, en lugar de dictar veredictos, podemos volver a hablar, a mirarnos y a aprender, una vez más, a discutir mejor.

Promesas, sacrificios y prioridades

Las promesas son un gesto curioso. A primera vista parecen un compromiso sólido, una garantía de permanencia, pero en realidad son más una ilusión que un hecho. Prometer es intentar asegurar que el vínculo que tenemos no cambiará, como si al pronunciar ciertas palabras pudiéramos fijar en el tiempo lo que sentimos hoy. Sin embargo, toda promesa encierra expectativa e incertidumbre, porque nadie puede prever cómo será su estado emocional ni qué circunstancias atravesará más adelante.

Prometer es una forma de querer perpetuar la felicidad del presente y, a la vez, de controlar el futuro. En la pareja se prometen viajes, proyectos, incluso formas de amar que parecen eternas. Pero la vida se complica. Surgen los problemas económicos, las cargas familiares, las rutinas, y lo que se dijo con entusiasmo se diluye entre responsabilidades. Lo que nació como un gesto de amor termina percibiéndose como un engaño o una manipulación, cuando en realidad fue la expresión sincera de un momento que ya no existe.

En el trabajo, en la familia y en la amistad sucede algo parecido. Un jefe promete ascensos o recompensas para motivar al equipo, pero la empresa cambia de rumbo, los recursos no alcanzan o las prioridades se modifican. Lo que era una promesa de confianza se convierte en frustración. Un padre promete asistir a un evento escolar y, por un imprevisto, no puede cumplir. El niño no ve las circunstancias, solo la promesa rota, y lo interpreta como falta de interés. Un amigo promete que siempre estará disponible, pero la vida cambia y aparecen las parejas, los hijos y las responsabilidades, y esa disponibilidad se reduce. Lo que se dijo con afecto se vuelve un motivo de reproche. Detrás de todos estos ejemplos hay algo en común: olvidamos que las promesas son respuestas emocionales de un momento, no contratos eternos. Nacen de la ilusión y la sinceridad del instante. Tienen una parte muy positiva, que es la intención de compromiso, pero la vida cambia, y nosotros con ella. Cuando no se cumplen, en lugar de reconocer la transformación natural, reaccionamos con juicios: «Me engañaste», «me fallaste», «me manipulaste». Así convertimos un movimiento vital en una traición personal.

Por eso necesitamos mirar las promesas con más flexibilidad, entender que no son garantías, sino expresiones de una intención real en un instante concreto. Aferrarse a ellas con rigidez solo genera sufrimiento. Obligar al otro a cumplir al pie de la letra lo que ya no le nace de forma natural convierte la relación en una cárcel simbólica. En cambio, aceptar la variabilidad de los sentimientos y de las circunstancias nos permite sostener vínculos más vivos y sinceros. **Si lo importante no es el cumplimiento literal, sino mantener vivo el deseo de cuidar, el sentido de la promesa cambia.** La confianza deja de depender de una palabra exacta y pasa a sostenerse en la voluntad compartida de seguir presentes, aunque el modo se transforme.

Y entonces entra en escena otro concepto que, como una sombra o una extensión de las promesas, acompaña a todas las relaciones: el sacrificio.

«Sacrificio» es una palabra que abre muchas puertas y derriba muchos muros, porque cada persona la entiende desde su experiencia. Siempre está ligada a la idea de prioridad: qué ponemos por delante, a qué renunciamos para que otra cosa suceda. Cada vez que priorizamos, sacrificamos algo en mayor o menor medida. Lo que complica el tema es que solemos convertir los gestos puntuales en juicios globales. No haber priorizado a alguien en un momento concreto se lee como una sentencia sobre su valor: «Si no me elegiste, no me quieres». Y así, un acto circunstancial se transforma en una evaluación total.

Conviene distinguir entre el sacrificio simbólico y el real. El primero tiene que ver con el orgullo, la razón o el reconocimiento. Ceder en una discusión, aceptar un error, reconocer que el otro tenía razón, todo eso es sacrificio simbólico. Se vive como una cesión de estatus, una pérdida de dignidad momentánea, aunque en realidad no disminuya el valor de nadie. El sacrificio real, en cambio, implica un esfuerzo tangible: quedarse horas extras en el trabajo, renunciar a un descanso para acompañar a la pareja o atender una urgencia familiar. Esas renuncias pesan porque comprometen el cuerpo y el tiempo, y dejan huella física y emocional. Ambos sacrificios son inevitables en la vida, pero lo que genera el conflicto es la forma en que los interpretamos. No priorizar en un momento puntual no significa que el otro valga menos, pero así lo leemos, porque confundimos el gesto con el significado. Un compañero de trabajo puede no apoyarte un día y seguir valorándote. Una pareja puede pasar un fin de semana con su familia y amarte igual. Un padre puede trabajar un sábado y ser un padre presente.

El problema surge cuando interpretamos cada renuncia como desamor, cuando convertimos una decisión práctica en un juicio moral. Lo que da sentido al sacrificio no es el acto en sí, sino su origen.

Un sacrificio nacido de la imposición se siente como un castigo; uno que surge de la elección libre, como amor. Cuando alguien se queda contigo porque quiere, no porque debe, la renuncia se transforma en regalo. Cuando lo hace por obligación, se vuelve deuda y resentimiento. El equilibrio aparece cuando la renuncia no se vive como una pérdida. Si el tiempo que entrego o el esfuerzo que hago me conecta con algo que me importa, entonces no hay sacrificio, hay sentido. Pero si siento que dejo atrás lo que más me llena, la balanza se inclina hacia la carencia, y ese desequilibrio acaba contaminando la relación.

Si vamos un pasito más allá, llegamos a una palabra que suele ir de la mano del sacrificio, «prioridad». En los vínculos —de pareja, de familia o de trabajo—, la prioridad se ha convertido casi en una prueba de amor o de valor: «Si no me priorizas, no me valoras». Pero esa ecuación es falsa. Priorizar no siempre significa amar más; a veces solo implica responder a una necesidad concreta del momento. Cuando confundimos prioridad con jerarquía, caemos en la trampa del orgullo herido. Si alguien elige otra cosa —el trabajo, el descanso, la familia—, lo interpretamos como desinterés, cuando en realidad puede ser simplemente un equilibrio diferente.

Si en la pareja, por ejemplo, una de las partes decide pasar un tiempo con amigos y la otra se siente desplazada, no se trata de quién ocupa el primer puesto, sino de entender que el bienestar personal también alimenta el bienestar común. En la familia ocurre igual, porque un padre o una madre que prioriza su salud mental está cuidando, de manera indirecta, a quienes lo rodean. En el trabajo, un compañero que pone límites a la carga laboral no es egoísta; está preservando la energía necesaria para seguir rindiendo.

El orgullo, sin embargo, tiende a personalizarlo todo. Busca confirmación de valor constante: «Si no me eliges, es que no importo». Pero lo que en realidad se hiere no es el amor, sino la imagen que tenemos de nosotros mismos como figura central. Entonces entra en escena un sacrificio mucho más importante que el tiempo o la comodidad: el sacrificio del orgullo. Si se aprende a ceder en esa necesidad de ser siempre la prioridad, el que prioriza puede hacerlo con empatía, sin imponer su elección, y el que no fue priorizado puede no interpretarlo como un desprecio. Cuando ambas partes alcanzan ese aprendizaje, aparece la cooperación. El que trabaja un sábado puede reconocer el disgusto del otro sin sentirse culpable; el que se queda solo puede comprender las circunstancias sin sentirse menos amado. Esa reciprocidad reduce la carga del sacrificio.

En última instancia, lo que necesitamos no es un equilibrio matemático entre sacrificios, sino un entorno de confianza en el que las decisiones no se lean como juicios de valor. Entendemos que cada vínculo —pareja, familia, amistad, trabajo— tiene su propio modo de importancia, sin jerarquías, solo con contextos distintos. Si logramos ver el sacrificio como una elección libre y no como una obligación, deja de ser un peso. Y si aprendemos a aceptar que no ser la prioridad en un momento puntual no implica perder valor, dejamos de medir el amor por la cantidad de renuncias.

La madurez emocional consiste en poder decir: «Hoy he elegido esto y mañana quizá elija otra cosa», sin que esa variación destruya el vínculo. Se trata de comprender que el amor, la amistad y la lealtad no se miden por la frecuencia con la que sacrificamos, sino por la honestidad con la que decidimos.

Todo esto nos lleva a una conclusión sencilla: lo que complica la convivencia no es el acto de renunciar o de priorizar, sino la interpretación emocional que hacemos de esos gestos. Las creencias culturales han moldeado la idea de que amar es siempre elegir al otro por encima de todo. Nos dicen: «Si eres buen padre, estarás en todos los partidos», «si eres buen amigo, nunca dirás que no», «si eres buena pareja, renunciarás a tus propios planes». Pero esa idealización nos hace vivir cada ausencia como una injusticia y cada decisión personal como un agravio. Entender que las emociones también están moldeadas por esas creencias nos permite vivir las renuncias con más libertad. Vemos que lo esencial no es sacrificar o priorizar, sino sostener la relación sin poner en juego el valor propio.

En un vínculo sano, lo que nos sostiene no es la promesa ni el sacrificio constante, sino la capacidad de elegirnos de nuevo, sin obligación, desde la vulnerabilidad compartida. El amor —como la amistad o el compromiso profesional— no necesita ser heroico. Necesita ser humano: cambiante, imperfecto, consciente de que lo frágil también es valioso. Como una flor que apreciamos precisamente por su fragilidad, no por su dureza, así deberían vivirse las promesas, los sacrificios y las prioridades: con cuidado, con flexibilidad y con la certeza de que lo que nos une no es lo que juramos ni lo que cedemos, sino la libertad de seguir queriendo estar.

El orgullo

El orgullo es quizá la última trinchera en la que nos refugiamos cuando sentimos que todo lo que sostiene nuestra identidad se tambalea. Lo vemos en las relaciones más cercanas. En la pareja, se convierte en silencios que duran muchas horas o incluso días porque ninguno quiere ceder; en el trabajo, en la defensa inmediata ante una crítica; en la amistad, en la distancia que aparece cuando ambos esperan que sea el otro quien dé el primer paso. Es el mismo reflejo que teníamos de niños cuando se producía una pelea en el recreo y siempre alguien preguntaba quién la había empezado, como si ese detalle lo resolviera todo... Nadie quería ser «el primero en pedir perdón» porque ceder parecía injusto. Ese reflejo infantil lo seguimos arrastrando en la adultez, solo que ahora lo enmascaramos con argumentos, excusas o largos discursos internos que sostienen nuestra razón. Creamos narrativas que justifican nuestra postura para no reconocer que, muchas veces, estar bien vale más que tener la razón. Así, el orgullo se convierte en una coraza que nos impide reconciliarnos con los demás y con nosotros mismos.

El orgullo nace de la identidad que creemos haber construido con esfuerzo, como si todo lo que hemos hecho nos colocara en un lugar jerárquico frente a los demás. **Pensamos que nuestro valor se mide por lo que hemos resistido y por las injusticias superadas, pero esa manera de vernos nos vuelve rígidos.** Creer que somos una identidad fija —y además superior— nos obliga a mantenernos en guardia. Vivimos en alerta ante cualquier gesto que pueda poner en duda esa imagen, ya lo hemos visto en varias emociones más a lo largo de este libro.

En la pareja, esto se traduce en desconfianza, porque cada error del otro parece una amenaza. En el trabajo, en la incapacidad para aceptar críticas, porque sentimos que cuestionan quién somos. En la vida social, en la frase: «Prefiero estar solo que mal acompañado», cuando en realidad la mala compañía no es el otro, sino nuestra propia rigidez.

Esta forma de entendernos no nace de la nada. Crece en un contexto que nos repite que somos responsables en solitario de nuestro bienestar, que si fallamos es porque no hicimos lo suficiente, que debemos controlar nuestras emociones y protegernos de quien nos ponga en duda.

Esa narrativa, propia de una cultura que idolatra la autosuficiencia, nos convence de que la fragilidad equivale a debilidad.

Así pues, parece lógico que vivamos a la defensiva, viendo cada relación como un posible riesgo. Pero, si observamos con calma, comprendemos que el otro tampoco es un enemigo, sino alguien igual de atrapado en esa misma lógica. También protege su identidad como si de ella dependiera su supervivencia. Y ahí está la clave: la mayoría de los conflictos no son destructivos por lo que se dice o se hace, sino por el orgullo con el que se sostienen. Cuando entramos en modo protección, pensamos solo en nuestro beneficio, en defender nuestra versión de los hechos a toda costa. Entonces no hay espacio para la cooperación ni para el cuidado. Terminamos aislados, convencidos de que valemos mucho, pero incapaces de ofrecer valor a nadie más. En cambio, **quien confía de verdad en sí mismo no es el que nunca duda, sino el que se permite hacerlo. La humildad no debilita, humaniza.**

Por tanto, la invitación no es a negar los conflictos, porque son inevitables y necesarios, sino a ver que los que vivimos hoy suelen ser traumáticos porque los gestionamos desde el orgullo, no porque el desacuerdo en sí sea destructivo. Cuando estoy en modo protección, solo puedo pensar en mí mismo, en mi propio beneficio, y así resulta imposible abrirse al beneficio colectivo o de la relación. Quien sabe que puede fallar y que los otros fallarán, sin que eso signifique una intención de dañar, es alguien con confianza en sí mismo, que escucha y se pregunta si lo que lo afirma está sesgado. Esa humildad es la que abre espacio para las relaciones más humanas en las que la vulnerabilidad no se vive como una amenaza, sino como un punto de encuentro.

El orgullo, en el fondo, es una ilusión de control. Nos hace creer que podemos manejar lo que los demás piensan de nosotros, que nuestra identidad es una creación puramente individual. Pero no lo es. Somos el resultado de muchas voces, de contextos, de influencias que ni siquiera elegimos. Proteger esa identidad como si fuera una fortaleza es defender algo que nunca fue solo nuestro. Porque hay que dejar claro que renunciar al orgullo no significa rendirse, sino ganar libertad. Cuando no necesitamos demostrar todo el rato quién somos, podemos escuchar sin sentir miedo, disentir sin sentirnos amenazados y pedir perdón sin sentir humillación. Esa apertura no nos resta valor, nos da autenticidad.

Detrás de cada gesto orgulloso hay, casi siempre, una búsqueda de bienestar. Queremos sentirnos seguros, queridos, en paz. Pero cuanto más defendemos nuestra imagen, más nos alejamos de esa paz. Lo paradójico es que el orgullo, que pretende protegernos del dolor, suele ser su mayor causa. El que más orgullo muestra suele ser, en realidad, quien más teme no ser suficiente. Por eso **el orgullo es también una forma de miedo: a perder el valor, a mostrarse vulnerable, a descubrir que no somos tan firmes como aparentamos.** Sin embargo, reconocerlo no nos hace débiles; nos vuelve más reales.

Por tanto, aceptar la fragilidad no nos resta fuerza, al contrario, nos acerca a los demás, porque nos recuerda que todos compartimos la misma necesidad de sentirnos valiosos sin tener que demostrarlo. Discutir mejor no pasa por ganar, sino por dejar de usar la razón como escudo y el silencio como castigo.

Detrás del orgullo que nos separa hay un deseo confuso de estar bien, no la maldad. Buscamos la felicidad a través del control y de la autoafirmación, cuando lo que nos haría bien sería soltarlos. Incluso los gestos más hostiles suelen esconder el anhelo de sentirse en paz. Pero, al defendernos con tanto empeño, terminamos alejándonos de lo que queríamos proteger. Por tanto, comprender cómo el orgullo y la felicidad se entrelazan es el paso siguiente. Solo reconociendo esa paradoja podemos empezar a soltar la coraza y mirar la felicidad como un camino compartido, en lugar de una conquista individual. Porque la paz que tanto defendemos no se alcanza venciendo, sino bajando la guardia juntos.

La felicidad

Nacemos con la idea de que nuestra misión en la vida es encontrar la felicidad, como si se tratara de un tesoro escondido que justifica todo el camino. Si hemos de ser justos, debemos precisar que no nacemos con esa idea, porque los bebés y los niños viven en un estado de felicidad natural casi constante. Pero según van pasando los años y entramos en la edad adulta, el devenir de los contextos, las redes sociales, la publicidad y la propia sociedad nos lleva a asumir que el principal *leitmotiv* de nuestra vida es encontrar el santo grial: la felicidad.

Sin embargo, ningún otro animal vive con esa obsesión. Ninguno se detiene a preguntarse si está siendo feliz; buscan algo más simple: alimentarse, sobrevivir, cuidar de su grupo, descansar. En ese quehacer cotidiano se genera una forma de bienestar que no necesita tanta explicación. Nosotros, en cambio, hemos convertido esa satisfacción básica en una meta espiritual, casi en una obligación. La hemos vestido con narrativas que nos dicen cómo alcanzarla, sostenerla o exhibirla. Si observamos a los animales, vemos que disfrutan del contacto, del juego, del grupo. Podemos llamarlo bienestar o felicidad, pero es un estado biológico, un equilibrio hormonal y neuroquímico que aparece en contextos seguros.

Es cierto que el placer puede brotar incluso en situaciones de riesgo —como cuando alguien se tatúa o salta en paracaídas—, porque hay una satisfacción en la activación del cuerpo, una sensación de intensidad que se confunde con el bienestar. Pero cuando hablamos de felicidad humana, solemos referirnos a algo más sereno: una activación del sistema parasimpático, un estado de calma y apertura. Lo paradójico es que hemos convertido esa serenidad en un objetivo absoluto, casi en el sentido de la vida. Cuanto más la perseguimos, más se nos escapa, como si buscáramos el bienestar perdiéndolo en el intento. Si te fijas, en el trabajo ocurre sin cesar. Alguien se propone que su felicidad llegará con el ascenso, el reconocimiento o el aumento de sueldo. Dedica años a ese objetivo, pero cuando por fin lo logra, siente más presión, más exigencias, más metas que cumplir. La felicidad, otra vez, parece un paso más allá, como una zanahoria que se aleja justo cuando creía alcanzarla. Esa expectativa no cumplida se transforma en frustración y en la sensación de no ser suficiente.

Durante siglos, la felicidad estuvo asociada a sobrevivir, a tener alimento, refugio, descanso. Luego se vinculó al progreso material. Hoy, en cambio, parece que está centrada en el bienestar psicológico, en la idea de ser feliz con independencia del contexto, la economía o la compañía. Esa búsqueda tiene un lado positivo —más conciencia interior—, pero también otro peligroso, ya que convierte la felicidad en una misión individual. Cada uno debe fabricarla y sostenerla por sí mismo. Esa visión se complica al relacionarnos, porque entonces parece que la felicidad no se aborda de manera conjunta. En la pareja, por ejemplo, predomina la narrativa: «Yo soy feliz, y si estoy contigo es para multiplicar mi felicidad». Al primer tropiezo, cuando aparece la tensión o el desencuentro, surge la sensación de fracaso: «Algo está mal, ya no soy feliz». Se interpreta la incomodidad como el síntoma de que la relación no funciona y entonces llega el impulso de huir. **De ahí nace una epidemia moderna, la de la soledad elegida por miedo a perder la felicidad.** Las personas que aseguran estar mejor solas que acompañadas viven un malestar que no proviene del pasado ni de la falta de amor, sino del aislamiento y la pérdida de pertenencia.

Creemos que la felicidad depende de mantenernos intactos, sin asumir riesgos, cuando en verdad el bienestar humano siempre se construyó en relación con los otros.

Lo mismo ocurre en la familia. Las reuniones y las celebraciones —una Navidad, un cumpleaños— se cargan de expectativas sobre la felicidad colectiva. Esperamos que todo salga perfecto, que nadie falte, que todos estén alegres. Basta una muestra de malhumor, una ausencia o un malentendido para que la idea se derrumbe. Lo que era un día con momentos buenos y otros menos buenos se percibe como un desastre. La exigencia de felicidad constante transforma lo cotidiano en un examen.

Nos cuesta aceptar que la felicidad no es estable, que fluctúa. Siempre habrá subidas y bajadas, cansancio, conflictos o simples días neutros. Sin embargo, dramatizamos cada bajón como una pérdida irreparable. En la pareja, por ejemplo, un mal día se vive como un síntoma de crisis; en el trabajo, una tensión se interpreta como amenaza al buen clima; en la vida social, una discrepancia se lee como una ruptura. Queremos mantener la euforia y la armonía sin pausa, como si la incomodidad fuera incompatible con el bienestar. Pero la vida no funciona así. **Si no aceptamos la intermitencia natural del ánimo, convertimos cualquier pequeño problema en una tragedia. La exigencia de felicidad perpetua nos vuelve intolerantes a lo humano.** Creemos que los vínculos sanos son los que nunca se tensan, cuando la verdad es que toda relación viva pasa por fases. Lo mismo ocurre con el trabajo y con la familia: reprimir las tensiones para «mantener el buen ambiente» genera una falsa armonía que pesa más que el conflicto real.

Quizá deberíamos darnos permiso para sentir sin dramatizar. No todo lo que no es felicidad constituye un problema. Los momentos de desánimo o malestar forman parte del ciclo emocional. Cuando los aceptamos, el regreso al bienestar llega antes. Cuando los amplificamos, cuando convertimos la incomodidad en catástrofe, nos alejamos todavía más de la calma. Integrar el conflicto en la vida, sin demonizarlo, nos acercaría a una felicidad más sencilla. Desdramatizar las pequeñas frustraciones nos permitiría disfrutar de lo cotidiano, nos dispensaría de la necesidad de que todo sea extraordinario.

La felicidad no es una línea recta. Ni en la ciudad ni en el campo, ni en la abundancia ni en la escasez se mantiene constante. Pasan cosas en el cuerpo, en el contexto, en los vínculos. Pretender que dure siempre nos condena a la decepción. Lo importante no es aferrarse a ella, sino reconocer sus intervalos. Los momentos de bienestar existen, pero también los de pausa, los de búsqueda y los de calma silenciosa. De hecho, a veces, la felicidad no está en los grandes logros ni en las promesas que hacemos para perpetuarla, sino en los espacios en que la vida sucede sin exigencias. En una conversación sin pretensiones, en el cansancio compartido después de un día largo, en el silencio de quien nos acompaña sin pedirnos nada. El problema aparece cuando queremos convertir esos instantes en permanentes. Cuando deseamos que el estado actual dure para siempre, creamos narrativas para retenerlo. Y entonces surgen las promesas. Prometer es una forma de decir: «Quiero conservar esta sensación, quiero controlar que no se acabe», pero la vida no obedece a nuestras promesas. Cambia y se mueve, y con ella mutan las emociones.

Quizá la felicidad se habita mientras pasa, no se conquista ni se protege. Es un estado que no se impone ni se exige, sino que se reconoce en su intermitencia. Aprender a vivir con esa oscilación —aceptar la alegría sin miedo a perderla y la tristeza sin miedo a que dure— podría ser la forma más simple y también más madura de ser felices.

Sentir

Sentir es lícito. Diría que es de lo más hondamente humano y, a la vez, de lo más biológico. No hay error en sentir, ni siquiera cuando lo que sentimos nos confunde o nos contradice. El cuerpo y la mente son sensores finos que registran lo que ocurre dentro y fuera: temperaturas, tensiones, presencias, ambientes, etcétera. A veces sentimos calma sin motivo aparente; otras, ansiedad en un lugar que parece seguro. Ambas son reales en su medida.

El cuerpo percibe antes que la mente. Por eso podemos notar la paz de un bosque como una respiración que nos envuelve o el estrés de una ciudad que se mete bajo la piel y acelera sin permiso. También podemos sentir un magnetismo inexplicable hacia alguien o incomodidad en un espacio sin saber por qué. Todo eso forma parte de la vida; no es una tara de percepción ni una «debilidad emocional».

Así pues, la cuestión es distinguir cuándo el cuerpo está leyendo el presente y cuándo está repitiendo una lección antigua. Sentir no es un fallo que haya que corregir, sino un lenguaje que conviene aprender a leer, porque no se trata de dudar del sentir, sino de acompañarlo y entenderlo.

Quizá el mayor aprendizaje no sea tratar de controlar lo que sentimos, sino descubrir que sentir también es una forma de pensar: cada emoción aporta información sobre cómo el mundo influye en nosotros. Si atendemos ese diálogo con cuidado, no solo nos entendemos mejor, también aprendemos a discutir mejor.

Conviene desmontar un mito repetido hasta la saciedad, el de que el «corazón» y el «cerebro» funcionan por separado, como si uno sintiera y el otro pensara desde habitaciones distintas. Tampoco hay en el cerebro un hemisferio puramente racional y otro puramente emocional que se turnan el volante. Sentir y razonar se entretejen y se sostienen el uno al otro. Cuando pienso que algo «es injusto», no tardo en enfadarme; cuando me enfado, mi razón encuentra argumentos para sostener la emoción. Es una ida y vuelta constante. Por eso, cuando decimos: «Esto me duele en el alma», no hablamos de un órgano aislado; todo el sistema reactiva los recuerdos, las ideas, las creencias y las sensaciones a la vez. De ahí que las palabras importen. Poner una etiqueta a lo que nos pasa da alivio, como cuando un médico formula un diagnóstico; quizá no resuelve el problema, pero calma al poner orden. En terapia ocurre algo similar: cuando alguien denomina «tristeza» o «culpa» a un revoltijo interno, el caos pierde filo. No porque la sensación desaparezca, sino porque se enmarca. Ahora bien, un nombre no es un hecho, es un símbolo que depende de la historia personal, las normas sociales y las miradas morales. Su utilidad es real; su precisión, relativa. Nombrar es aproximarse.

En una reunión de trabajo, por ejemplo, siento malestar. Si lo llamo «culpa», quizá es porque creo que no cumplí. Si lo llamo «traición», tal vez interpreto que alguien ha actuado contra mí. Si lo denomino «inseguridad», dudo de poder sostener lo que se espera. La sensación corporal inicial puede ser la misma (nudo, calor en la cara, opresión en el pecho), pero la narrativa que elijo colorea toda la experiencia. En la pareja pasa lo mismo, porque una mirada cansada puede leerse como rechazo, como hastío o como tristeza. Cada lectura activa una emoción distinta.

La intuición merece un apunte aparte. Tendemos a tratarla como una voz mágica que «sabe». En realidad, es memoria entrenada del cuerpo: una lectura rápida del entorno a partir de patrones aprendidos. Por ejemplo, cuando conduces, «sabes» que el coche de delante va a girar, aunque no ponga el intermitente, porque viste ese gesto miles de veces. Esa intuición te sirve porque el contexto te entrenó. Ahora bien, si te sentaran por sorpresa ante los mandos de un avión, tu intuición podría engañarte, porque careces de los patrones adecuados. En las relaciones, a veces «presiento» que algo va mal y es cierto; otras, solo reacciono a un eco antiguo (el tono, la pausa, una palabra) que me recuerda otra escena. Respondo al pasado, no al presente. Discutir mejor no consiste en reprimir lo que sientes, sino en reconocer de dónde proviene el sentimiento para no confundir lo que pasa dentro con lo que está ocurriendo fuera.

Y entonces aparece una pregunta fundamental: **¿cómo saber si lo que sentimos responde a la realidad presente o si proviene de una influencia cultural, de una memoria, de algo que aprendimos sin darnos cuenta? La clave está en observar si hay coherencia entre lo que sentimos y lo que podemos verificar.** Imagina que entras en un lugar y sientes que no es seguro, pero al mirar a tu alrededor no hay nada que indique peligro. Puede ser que esa sensación provenga de una experiencia anterior o de una idea aprendida; quizá en tu entorno te enseñaron que ciertos espacios o personas son amenazantes y el cuerpo reacciona antes de que la mente pueda cuestionarlo. En cambio, si la sensación se sustenta en hechos visibles, como alguien que te observa con hostilidad, un ambiente crispado o una situación difícil, el sentir se alinea con la realidad. Lo aprendido suele quedarse más tiempo del necesario, incluso cuando el peligro ya ha pasado, mientras que lo real se calma cuando la situación se disuelve. Esto también ocurre en la amistad o en la familia. Tal vez un amigo te dice algo que no encaja con tu forma de ver las cosas y sientes un rechazo inmediato, pero, si te detienes a pensar, descubres que lo que te dolió fue la forma, no el fondo, o que esa incomodidad surge porque en tu familia aprendiste que discrepar era sinónimo de conflicto. Lo que sientes no tiene tanto que ver con tu amigo como con una norma interna que se activó sin aviso; si eres capaz de darte cuenta, puedes transformar ese impulso defensivo en una oportunidad para acercarte más, para entender que sentir no siempre equivale a tener razón, sino a recibir información sobre cómo tu historia se mezcla con el presente. Sentir, en definitiva, es una consecuencia de cómo hemos experimentado la vida y de cómo la estamos experimentando ahora, bajo la influencia de las ideas que nos enseñaron a vivir de una cierta manera y de las nuevas ideas que nos van moldeando en el presente. No se trata de dudar del cuerpo; se trata de cruzar sus señales con el contexto y con la experiencia compartida.

Sentir forma parte del ser humano. Es biológico, emocional, neuronal, natural, pero muchas veces creemos que brota de dentro como una fuerza independiente del mundo, cuando en realidad lo externo influye profundamente en lo interno, no está separado. Lo que ocurre fuera dialoga con lo que ocurre dentro, y ese diálogo da forma a nuestras emociones, a nuestros pensamientos y a nuestro sentir. Por eso, para discutir mejor, necesitamos reconocer que lo que sentimos no es una verdad absoluta, sino una interpretación en movimiento. Las emociones y los pensamientos forman un sistema que se retroalimenta: una emoción activa una idea, esa idea refuerza la emoción y, si no lo notamos, entramos en un bucle del que es difícil salir. Esto puede hacernos sentir mal con nosotros mismos y afectar a nuestras relaciones, ya que a veces no es la otra persona la que nos hiere, sino la rigidez con la que interpretamos lo que pasa. Las creencias culturales, las normas morales, las ideas heredadas nos dicen cómo deberíamos sentir, cómo deberíamos reaccionar, qué está bien y qué mal, y sin darnos cuenta terminamos midiendo la vida con esas reglas, en lugar de escuchar lo que en realidad ocurre.

Esto sirve para una conversación íntima. Imagina que tu pareja dice una frase que te hiere. Puede que no sea por el contenido, sino por la llave que activa una memoria: «ese tono» ya lo escuchaste y te dolió. Si contestas al recuerdo, no hablas con quien tienes delante. En el trabajo, una observación profesional puede sentirse como una humillación si en tu historia la autoridad fue abusiva; reaccionas al símbolo, no al hecho. Discutir mejor no es negar lo que sientes, sino reconocer su procedencia. Con esa lucidez, la conversación cambia de carril.

También conviene mirar cómo las etiquetas identitarias dirigen nuestro sentir. Cuando repetimos: «Yo soy así» («soy muy sensible», «soy de sangre caliente», «soy frío», «soy intenso»), fijamos un personaje. Este condiciona la emoción, porque me comporto como quien «siempre se siente» de esa manera. Pero si miras con lupa, no sientes igual en todos los contextos. Quizá con tu pareja eres hipersensible al tono, en tu trabajo puedes ser firme sin quebrarte y, con las amistades, mantienes la distancia sin culpa. Si hablas de «ser así», te obligas a sostener un papel incluso cuando el momento permitiría otra respuesta. La identidad rígida genera la emoción repetida; la emoción repetida refuerza la identidad rígida. Es un lazo que conviene soltar.

Después de estos ejemplos, volvamos al cuerpo. Cuando el sistema nervioso entra en modo alerta, reduce los recursos para el pensamiento flexible. La amígdala toma el mando, el córtex pierde margen y lo interpretamos todo en clave de amenaza. En ese estado, es esperable que salgan frases duras, respuestas cortantes, incluso gritos. No porque seamos «malas personas», sino porque el organismo leyó que había peligro. Esto se observa en casa («llego tarde y saltas»), en la oficina («me cortas y yo alzo la voz») y en lo social («discrepas y te etiqueto»). Si entiendo que esa reactividad es, en parte, una limitación temporal de autorregulación, dejo de vivir cada estallido como un ataque personal y empiezo a verlo como una señal de saturación. No justifica, contextualiza. Y sobre todo nos invita a crear las condiciones para salir de ahí.

Ahora bien, ¿cómo se traduce todo esto en la práctica de sentir y discutir mejor?

- Primero: escuchar el cuerpo sin absolutizarlo. Si lo que siento no encaja con lo que veo, quizá estoy oyendo un pasado. Puedo decir: «Esto me activa por dentro; no estoy seguro de por qué, dame un momento». Esa honestidad rebaja el incendio.
- Segundo: traducir el reproche en información. En vez de «siempre me ignoras», se puede decir: «Cuando miras el móvil mientras hablo, siento que no cuento; me duele». La primera frase acusa; la

segunda expone un vínculo entre gesto y emoción, y abre margen para el ajuste.

- Tercero: practicar el «doble foco». Lo que pasa en mí y lo que pasa en el otro. Si me llega una crítica y noto calor en la cara, puedo preguntar: «¿Me señalas esto para mejorar el resultado o te he hecho sentir poco escuchado?». A veces la crítica contiene dos líneas: tarea y relación. Si las separo, me pierdo menos.
- Cuarto: coeducación emocional. Se puede anticipar: «Cuando me desborde, tenderé a culparte. No es justo, es torpe; si lo ves, párame con una palabra convenida». O decir: «Tengo un tema con esa palabra. Si puedes evitarla cuando discutimos, me ayudas a regular; si se te escapa, te avisaré». Este tipo de pactos convierte los límites reactivos en preventivos. No domestican la emoción, la encauzan.
- Quinto: nombrar el personaje cuando aparezca. Se puede decir: «Me noto haciendo de "el que nunca cede"» o «me estoy poniendo el traje de "la que siempre tiene razón"». Expresarlo en voz alta desactiva su poder y devuelve agencia.
- Sexto: ampliar la red de bienestar. Si toda mi regulación emocional recae en una sola relación, cualquier roce parece abandono. Diversificar los sostenes —amistades, familia, espacios propios— aligera la carga y estabiliza el sentir. No resta amor, lo protege.

Vamos a desarrollar tres escenas concretas que nos ayudarán a ver estas ideas con los pies en la tierra:

- Escena 1. En casa, tarde. Tú cuentas un mal día. Tu pareja revisa un correo «un segundo». Tu cuerpo se enfría: «Otra vez no le importo». El guion antiguo se activa: abandono. Opción A (automática): «Pasa, total, el móvil es más importante». Explota la defensa; el otro se defiende. Opción B (consciencia): «Cuando miras el móvil mientras hablo, me siento fuera de foco; necesito diez minutos contigo, sin pantallas». La emoción no desaparece, pero cambia su forma; deja de acusar y pide. Suelen abrirse puertas.

- Escena 2. En el trabajo. Entregas una presentación. Te dicen: «Está bien, pero falta claridad en el cierre». Tu cuerpo lee: «No valgo». Aparecen el calor y la vergüenza. Opción A: encogerte, callar, rumiar «no sirvo». Opción B: «¿Cuál sería para ti un cierre claro? ¿Me das un ejemplo?». Transformas la amenaza en guía. Lo que dolía empieza a servir.

- Escena 3. En la familia. Tu madre aconseja sin que se lo hayas pedido. Sientes irritación. Pregunta puente: «¿Me lo dices porque te preocupa que me vaya mal o porque preferirías que lo hiciera a tu manera?». Su respuesta aclarará si discutes un miedo o un control. Podrás responder al motivo, no al gesto.

También conviene revisar el papel de la cultura en nuestro sentir. Las creencias morales, las ideas de éxito, los discursos de autosuficiencia y las espiritualidades de manual hoy saturan la vida cotidiana. Nos dicen cómo deberíamos emocionarnos: qué ofende, qué redime, qué valida. Y esas recetas, aunque bienintencionadas, a veces endurecen la conversación. Nos volvemos policías de las emociones y señalamos *red flags* sin preguntarnos si, por nuestra parte, ponemos etiquetas diagnósticas a discusiones de cocina o exigimos validación como si fuera un examen. La sobreexplicación de la vida emocional puede convertir el vínculo en un taller permanente y agotar la posibilidad de estar, sencillamente, juntos. Menos dogma, más curiosidad. Por eso, cuando hablamos de «sentir mejor», no hablamos de «sentir bonito», sino de crear contextos menos amenazantes para que la emoción no deba disfrazarse de ataque. Si vivo en alerta, mi sentir se encoge; lo experimento todo en clave de peligro. Si vivo en confianza, mi sentir se expande; puedo escuchar matices, dudar, conceder pausas. Esa es la diferencia entre un conflicto que traumatiza y uno que transforma.

El sentir también cambia cuando lo hace la historia que lo sostiene. Si vengo de un entorno en que «equivocarse es fracasar», sentiré vergüenza ante cualquier corrección. Si logro narrarme que equivocarse es parte de aprender, la vergüenza cede el paso a la curiosidad. Esto no sucede de un día para otro, pero ocurre: nuevos marcos generan nuevas emociones. También se repite con la pareja. Si crecí con el guion de «amar es renunciar siempre», leeré cualquier plan personal del otro como un abandono; si puedo cambiar el guion a «amar también es cuidar mis fuentes de bienestar para volver con más vida», el mismo gesto se lee distinto. La realidad es la misma; lo que cambia es el puente simbólico entre dentro y fuera.

Hay algo más. A veces nos enorgullecemos de «sentirlo todo»; otras, de «no sentir nada». En ambos extremos existe rigidez. Quien siente todo puede confundir su sensibilidad con una obligación ajena: «Si lo siento así, tú debes actuar según mi sentir». Quien no siente «nada» puede confundir el autocontrol con la desconexión. En ambos casos, el ajuste no es cancelar la emoción ni forzarla, sino flexibilizar el significado que le damos y el lugar que ocupa en la conversación. Sentir no otorga superioridad moral, pero tampoco restarla te hace más fuerte. **Sentir informa, actuar corresponde a los dos.** Aquí lo importante es reflexionar.

¿Qué hacemos cuando el sentir del otro nos duele? La tentación es invalidarlo («exageras»), absorberlo («todo es culpa mía») o domesticarlo («así no se siente»). Ninguna de las tres reacciones ayuda. Una alternativa concreta en tres pasos es nombrar el impacto («esto que dices me duele»), reconocer la parte propia («entiendo que mi gesto te activó») y pedir condiciones («para poder seguir, necesito que bajemos el volumen o que hagamos una pausa»). Ni juicio ni sumisión: condiciones de seguridad. En entornos así, la emoción baja la guardia.

A la inversa, cuando mi sentir arrasa, puedo lanzar una advertencia: «Estoy encendido, no voy a ser justo; paro y vuelvo en veinte minutos». Parece poca cosa, pero es un acto enorme de cuidado, ya que no dejo que el personaje decida por mí. Y, si no puedo parar, al menos puedo enmarcar lo que sucederá: «Lo que voy a decir saldrá torpe; quédate con el fondo, no con mi tono». No es una excusa, es responsabilidad.

A veces, sentir «demasiado» me ata a un papel, que puede ser el de «víctima perpetua», el de «salvador infalible» o el de «juez de lo correcto». Cada uno acarrea su emoción típica (agravio, culpa, indignación). Para salir de ahí, ayuda preguntarse: ¿qué emoción evito si me libero de este papel? Quien vive indignado evita la tristeza; quien vive culpable evita el enfado; quien vive en agravio evita el miedo. Si me permito sentir la emoción evitada —con cuidado y en contexto seguro—, el papel pierde su función y la discusión recupera otro tono.

No se trata de sentimentalizarlo todo ni de convertir cada charla en un análisis, sino de elegir algunas palancas claras para no quedarnos atrapados en automatismos. Por ejemplo:

- Antes de contestar, dos respiraciones y una pregunta: «¿Respondo a lo que oí o a lo que recordé?».
- Si estoy muy activado, nombrarlo: «Estoy en alerta, no soy fiable ahora. Paro y vuelvo».

- Cambiar el «tú siempre...» por el «cuando pasa X, yo siento Y y necesito Z».
- Si el otro se enciende, no diagnosticar («estás fatal»), sino ofrecer un marco: «Te veo a mil. Paro y te escucho cuando bajes; no me voy».
- Cuidar lo básico: sueño, comida, pausas. Un cuerpo exhausto piensa peor y siente peor; no es carácter, es fisiología.

Para cerrar este capítulo, me gustaría que recordemos que sentir no nos hace enemigos. El otro no es el depredador de mi valor; es alguien atravesado por miedos parecidos, por reglas similares, por prisas del mismo mundo. Si pasamos del modo defensa al modo cooperación —no cediendo siempre, sino buscando reglas comunes que nos protejan a ambos—, sentir deja de ser una munición y vuelve a ser brújula.

La sobrepsicologización de la vida

Antes de cerrar este recorrido, conviene detenerse en un fenómeno que atraviesa casi todas las conversaciones actuales: la sobrepsicologización de la vida. Esa tendencia a explicarlo todo —lo que sentimos, lo que somos, lo que nos pasa, incluso el sentido de la existencia— con conceptos tomados de la psicología, el coaching o la espiritualidad. Esta invasión de términos no es inocua, porque acaba filtrándose en cómo discutimos, cómo nos relacionamos y, sobre todo, cómo nos percibimos unos a otros. **Nos hemos apropiado de conceptos propios de la psicología y, en cierto modo, los estamos pervirtiendo. Porque los hemos entendido a medias, no hemos reflexionado de forma adecuada sobre ellos, no siempre los hemos aplicado en carne propia y los estamos reduciendo a dos o tres indicios para (además) echárselos en cara a otras personas.**

Parece que cada palabra aprendida en un curso o en una red social puede convertirse en un argumento para tener la razón, una especie de escudo simbólico que justifica nuestra versión de los hechos. Lo que empieza como una búsqueda legítima del bienestar termina muchas veces transformándose en una nueva forma de competir: quién está más «sanado», quién es más «consciente» o quién está más «despierto». Y en las relaciones, estos argumentos se convierten con facilidad en armas para sostener la propia posición o rebajar la del otro.

Vivimos rodeados de mensajes que prometen crecimiento personal y plenitud espiritual, y en parte está bien. Todos necesitamos comprendernos mejor, sanar heridas, dar sentido al malestar o reencontrar la serenidad. Pero olvidamos que la mayoría de estos discursos están profundamente individualizados, porque ponen todo el peso en la persona, como si cada uno fuera el único responsable de su sufrimiento, de su curación y de su destino. El contexto —social, económico, cultural— queda borrado.

En la práctica profesional, esto se ve con claridad. Esas nuevas palabras se vuelven herramientas de defensa. Los conceptos que en principio sirven para comprendernos se utilizan para deslegitimar al otro. La insistencia en que «todo está dentro de ti» acaba generando más soledad que libertad, más orgullo que confianza. Porque cuando el bienestar se convierte en un logro individual, cualquier grieta se vive como un fracaso personal. No es raro escuchar a alguien que, tras leer sobre heridas o apegos, hable con una seguridad casi dogmática: «No estás alineado con tu propósito», «Tu ego no te deja ver», etcétera. Son frases que suenan lúcidas, pero que en el fondo repiten viejas dinámicas de poder: la necesidad de ganar la discusión, de mantener el control de la narrativa. Tener las palabras correctas no es lo mismo que tener la verdad.

Para entender este fenómeno, conviene observar lo que podríamos llamar el sesgo de factor único, que es la tendencia a explicar el malestar desde una sola causa, a reducir la complejidad de la vida a un concepto que parece tener la llave de todo: «No soy feliz porque no encontré mi propósito», «no me va bien porque no conecto con mi esencia», «no puedo amar porque tengo apego ansioso». Cuando repetimos estas frases, olvidamos que lo humano nunca depende de un solo factor, sino de muchos hilos que se entrelazan: historia, contexto, relaciones, suerte, estructura social.

El **«yo auténtico»** es un buen ejemplo. Nos dicen que ser auténtico es actuar según lo que sentimos, pero lo que sentimos no brota en el vacío; está moldeado por la cultura, las experiencias, los miedos y las expectativas del entorno. No existe un yo puro escondido detrás del pensamiento, separado del mundo, sino una trama viva de influencias que nos atraviesan. El peligro está en creer que hay un yo perfecto al que debemos llegar y que, mientras no lo encontremos, vivimos una vida falsa. Esa creencia genera frustración. En las relaciones se convierte en argumento: «Yo encontré mi autenticidad y tú no», como si la verdad fuera un trofeo. Lo mismo sucede con la «abundancia» o el «propósito de vida», unas ideas inspiradoras que con rapidez se vuelven exigencias. Si no tengo abundancia, ¿es porque no estoy alineado? Si no siento propósito, ¿es porque no he sanado lo suficiente? De nuevo, el sesgo de factor único borra la complejidad. La escasez, el desánimo o la falta de sentido no son solo asuntos del alma, también responden a los factores económicos, sociales o históricos.

Cuando el coaching empresarial se trasladó al terreno personal, sin darnos cuenta nos convertimos en pequeñas empresas de nosotros mismos: siempre en desarrollo, siempre centrados en el hacer y no en el ser, siempre insuficientes. Y es justo esa sensación de insuficiencia, por más que se vista de lenguaje espiritual, la que genera un sufrimiento profundo. Convierte cada vínculo en un espejo del propio rendimiento. Si algo va mal, uno de los dos «no está trabajado». Si no hay armonía, alguien «no está sanado». Así, terminamos culpando al otro de no permitirnos alcanzar nuestro «yo auténtico» o nuestra «abundancia», cuando tal vez lo que falta no es sanación individual, sino una red de apoyo, un contexto digno o simplemente descanso.

Algo similar ocurre con los términos psicológicos. «Trauma», «apego» y «herida de abandono» son conceptos valiosos para comprendernos, pero cuando se aplican como etiquetas fijas, se vuelven trampas. Cuando decimos «tienes apego ansioso», como si fuera una esencia, ignoramos que el apego no es un rasgo permanente, sino una dinámica relacional. Podemos sentirnos seguros con alguien y desbordados con otra persona, porque el apego no está solo en nosotros, sino en el vínculo que construimos.

En la mediación de pareja se observa con claridad. Lo que se repite no es el trauma en sí, sino la manera en que el presente reactiva las inseguridades antiguas. **La neurociencia explica este fenómeno con el concepto de estímulo de ambigüedad multiestable: el cerebro interpreta una situación según las experiencias previas.** Es una máquina de predecir la realidad, de estabilizar los estímulos según las referencias antiguas. Por eso una misma escena puede leerse de modos opuestos: si tu pareja no te llama antes de dormir, puedes pensar que se durmió tranquilo o que está con otra persona, y ambas lecturas parten del mismo hecho.

Lo interesante es que el cerebro puede aprender nuevas formas de interpretar, porque la realidad cambia cuando lo hacen las condiciones. Y ahí está la clave. No se trata de negar lo que sentimos, sino de abrir espacio a la duda, de no dar por sentado que nuestra lectura es la única posible.

Otro término que se ha vuelto un arma es el **ego**. Lo usamos como una piedra: «Eso es tu ego», «tu ego no te deja soltar», «hablas desde el ego». Pero creer que existe un lugar fuera del ego es otra ilusión. Todo lo que decimos sobre nosotros mismos, incluso lo más humilde o espiritual, sigue siendo una narrativa, otra máscara. Cuanto más intentamos escapar de ella, más nos enredamos. **No se trata de destruir el ego, sino de convivir con él sin convertirlo en arma ni defensa.** De reconocer que todos lo tenemos y que todos lo usamos con torpeza cuando sentimos miedo o vergüenza. Lo que parece un avance en conciencia puede convertirse en un nuevo fanatismo. El ego, entendido culturalmente como máscara, ha sido juzgado como lo «falso» del ser humano, lo que busca validación o reconocimiento. Pero tal vez sea lo más real que tenemos: una conducta adaptativa para sobrevivir en contextos competitivos. Desde una mirada social, el ego no es soberbia, sino protección. Es la estrategia de quien intenta no ser expulsado de un entorno que valora el rendimiento.

El discurso oficial, en cambio, presenta el ego como algo que erradicar, generando la ilusión de independencia total: la idea de que somos los responsables únicos de nuestro estado emocional. Esto provoca la desconexión, porque la persona se cree capaz de controlar todo lo que le sucede y, al mismo tiempo, se aísla. Aparecen la soledad, la tristeza, el sentimiento de no pertenencia. Y para «curarlo», se propone un nuevo propósito individual, que vuelve a depender del reconocimiento externo. El círculo se cierra y creemos haber creado algo por nosotros mismos, cuando en realidad seguimos necesitados de los demás para sostenerlo. Salir del ego no es abolirlo, sino reconocer que no podemos escapar del lenguaje ni del contexto que nos formó y elegir conscientemente las máscaras que menos daño hacen. Esta aceptación nos vuelve más libres que el mito de la pureza, porque ya no gastamos energía en negar nuestra necesidad de reconocimiento, sino en acordar mejores formas de dárnoslo.

Se dice que el ego es un disfraz y que debajo hay un «yo auténtico», puro y libre de cultura. Pero lo que llamamos autenticidad también está hecho de materiales públicos, de las palabras del barrio, de la familia, de la empresa, de las redes. No somos máscaras sin fondo, pero este se compone de esas mismas capas. Cuando sentimos que «salimos del ego», quizá solo estrenamos otra máscara con mejores modales, la de no llevar máscara.

La modernidad nos ofreció un regalo ambiguo: nos prometió libertad y levantó una nueva prisión de autoexigencia. «Tú eliges quién eres» suena emancipador, pero se vuelve una carga si se olvida que toda elección se hace con los materiales disponibles. Si nunca vi una opción, no puedo elegirla. La libertad sin contexto se vuelve trampa, nos empuja al aislamiento y a la comparación constante. Cuanto más «autónomos» nos creemos, más dependemos del reconocimiento que decimos no necesitar.

Cuando situamos la lente sobre el narcisismo y el egoísmo, el juicio cambia. La persona que monopoliza una conversación, el amigo que solo habla de sí mismo después de una ruptura o el familiar que exige atención no siempre rebosan seguridad; muchas veces intentan asegurarse un lugar en un entorno en el que temen ser ignorados. No justificamos el daño, lo comprendemos en su raíz social. Nadie nace diciendo: «Mírame»; lo aprende si el entorno se lo confirma o lo pide a gritos si se lo niega. Aceptar que todo yo se construye con un vocabulario común permite discutir con más ternura. No hay un núcleo puro bajo unas capas falsas que debamos desenterrar, sino unas versiones de nosotros que se endurecen para defender un valor y otras que se abren para escuchar el efecto que causan. Lo falso no es tener papeles, sino negarlos. En este sentido, el ego puede entenderse como un sistema de protección que reduce el miedo a la exclusión. Nuestra historia como especie no empieza con el lobo en la noche, sino con la mirada del grupo que nos señala el error. Esa amenaza de expulsión explica la pasión por mantener una imagen ideal, la que creemos que la tribu premia. Cuando una pareja me aplaude por ser resolutivo, puedo quedarme a vivir en ese personaje; cuando la empresa celebra que siempre digo que sí, me encadeno a ese sí; cuando la familia me nombra «el fuerte», me prohíbo la fragilidad. La protección tiene sentido, pero, si no la nombramos, se vuelve cárcel.

Aquí encaja otro mantra contemporáneo, el **amor propio**. Amarse a uno mismo es un principio sano si lo aterrizamos en lo concreto: descanso, higiene, pedir ayuda, poner límites razonables. Pero cuando se reviste de retórica heroica puede hacernos creer que el reconocimiento que nos sostiene podemos otorgárnoslo en soledad. Y no es cierto del todo. La identidad adulta también necesita ser mirada, no para obedecer, sino para saberse existente. En consulta se ve con claridad. Hay personas que repiten «me amo» y siguen sintiéndose vacías porque carecen de vínculos fiables, y otras que, con dudas internas, aman bien a los suyos porque tienen redes que las sostienen. No es moral, es arquitectura social. Por eso, más que repetir «ámate», conviene crear contextos en los que sea posible sentirse útil y valioso sin competir, espacios en los que el reconocimiento llegue como efecto de la cooperación. Pensemos en el compañero que facilita que todos hablen en una reunión, en la amiga que convoca al grupo para sostener un duelo, en el padre que establece una rutina de escucha con su hija. Son gestos sencillos que generan un reconocimiento que no aísla, que, sin necesidad de brillar más que nadie, nos permiten decir: «Valgo».

El amor propio, entendido como un refugio contra el mundo, suele endurecernos. Si lo consideramos el resultado de una red en la que contribuimos y somos reconocidos, nos hace más humanos. Cuidarnos no es un acto narcisista, es una responsabilidad colectiva, porque llegamos mejor a los vínculos, a los equipos, a las familias. Aceptar que necesitamos ser vistos no nos hace débiles, nos hace honestos. Pedir reconocimiento de manera explícita es más sano que exigirlo con gestos que hieren, como presumir o descalificar. En la mediación de conflictos, esa suele ser la llave: crear un espacio en que la vulnerabilidad sea un activo compartido. Cuando alguien trae su miedo, la sala se humaniza. En ese entorno, pensar juntos qué cambiar, qué ritual crear o qué señales anticiparán la vuelta de la armadura se vuelve posible. Lo honesto es reconocer la necesidad de validación y hacerla más democrática: ajustar audiencias, compartir expectativas y recordar que la consistencia total no vale más que la capacidad de rectificar.

La pregunta útil no es «¿quién soy de verdad?», como si hubiera una esencia pura escondida, sino «¿qué versión de mí sirve mejor a este nosotros sin dejarme fuera?». A veces será la que decide, otras la que escucha o la que duda. En todas, la referencia no es mi brillo personal, sino la salud del vínculo que cocreamos.

Todo esto está conectado con procurar ser flexibles con nuestras identidades para que una crítica puntual no destruya un vínculo, para que el error no se convierta en expulsión, sino en aprendizaje. Y entonces entra en juego algo muy importante: **la escucha**. Escuchar, por ejemplo, se ha presentado como una técnica individual para «ser mejor persona». Pero escuchar de verdad es un acto político, porque implica ceder poder y reconocer que la voz del otro importa tanto como la propia. Cuando un jefe escucha sin interrumpir, equilibra las jerarquías. Cuando en una pareja alguien atiende un reproche sin devolver un golpe, construye confianza. Cuando una familia deja hablar al hijo menor sin corregirlo, ejerce justicia relacional. Escuchar no es permitir que el otro hable, es abrir un espacio en que la vulnerabilidad no sea castigada.

La sobrepsicologización, en cambio, nos ha llenado de dioses nuevos: la autenticidad, la abundancia, el propósito, el crecimiento... Ya no rezamos a Zeus ni a Poseidón, pero seguimos adorando los símbolos de poder y sentido que nacen de los imperios que dominaron el mundo. Y no los cuestionamos porque aún gobiernan nuestros discursos.

La sobrepsicologización, siento decirlo, nos separa. Nos convence de que debemos resolverlo todo en solitario, de que amarnos es una tarea individual, de que la autoestima se construye en un pseudoaislamiento.

Pero la autoestima es un tejido colectivo. Nadie puede sostenerse en un contexto que lo empuja al aislamiento o a la precariedad.

Por eso, discutir mejor no pasa por acumular conceptos, sino por soltarlos un poco. Por reconocer cuánto de lo que creemos viene de fuera, cuánto nos influyen la cultura, la economía, el grupo. Y quizá, al darnos cuenta de eso, podamos volver a hablarnos de otra manera, más desde la conciencia de que inevitablemente estamos juntos en todo esto.

La independencia emocional o la nueva forma de no necesitar a nadie

A veces, en mitad de una discusión, alguien suelta: «Es que tienes que ser más independiente emocionalmente». Lo que en apariencia parece un consejo maduro, te deja con una mezcla de culpa, vergüenza y confusión. Porque, aunque no lo digas en voz alta, algo dentro de ti piensa: «¿De verdad es malo que te necesite? ¿Estoy haciendo algo mal por sentirme inseguro si tú no estás?».

Y claro, como persona curiosa y reflexiva que soy, es inevitable que broten otras preguntas: ¿cuándo empezó a estar mal necesitar? ¿En qué momento empezamos a creer que estar bien significaba estar aislados? ¿Cuándo nos convencieron de que necesitar a alguien era una forma de debilidad? ¿Desde cuándo ser fuerte se convirtió en no mostrar lo que siento?

La verdad es que esa frase —«sé más independiente emocionalmente»— no siempre es una invitación a crecer. Por supuesto, el tono, la comunicación no verbal y la mirada serán claves para saber o intuir la intención que hay detrás, pero muchas veces es una forma elegante de disfrazar la desconexión emocional. Es una manera de decir a la otra persona: «Resuelve solo lo que te pasa, porque yo no puedo sostenerlo contigo».

Si el único lugar seguro que tengo es contigo, resulta lógico que dependa de ti. Porque, al estar solo, me expongo a los peligros de la vida, y eso activa en mí el modo peligro. En un contexto sociocultural en el que no es seguro mostrar vulnerabilidad, es normal que sin ti sienta miedo de lo que pueda pasar. En un mundo lleno de personas emocionalmente independientes, sí tiene cierto sentido decir: «Sé independiente emocionalmente». Tiene sentido protegerse de personas que también se protegen. Entonces el cuerpo grita, me siento solo ante el peligro e intento agarrarte a ese concepto sin saber cómo aplicarlo. Porque es una reacción del cerebro, que ha creado un discurso para mantenerse fuerte ante la amenaza, pero el cuerpo sigue en alerta por esa desconexión que nos forzamos a provocar con el autoconvencimiento. Me gusta decir que el cuerpo no se cree el cuento. La mente puede repetirse: «Soy fuerte, soy independiente, no necesito a nadie», pero el cuerpo no se lo cree, porque, si no hay espacio para mostrarse vulnerable, el sistema nervioso es incapaz de relajarse. Y déjame decir que esa alerta subyacente no es debilidad, es información que requiere ser escuchada. Es el cuerpo diciendo: «Así no puedo estar bien».

Es más que palpable que el mundo actual nos empuja al rendimiento, al control y a la autosuficiencia. Hemos convertido el concepto de independencia emocional en una bandera que ondeamos para decir: «Yo puedo solo», «yo me basto», «no necesito a nadie». Y se nos olvida algo primordial, que la emoción es la raíz de toda conexión entre nosotros. Por eso esa bandera no es un escudo, sino una venda. Es una máscara elegante, quizá incluso políticamente correcta, que esconde una herida: el miedo a no tener donde caer, a que nadie nos sostenga, a que ni siquiera el hogar, la familia o la pareja nos abracen cuando lo necesitamos.

Buscar la independencia emocional es la consecuencia directa de haber experimentado conexiones traumáticas en el pasado; como no sabemos relacionarnos, todo se vuelve un conflicto incómodo, así que necesitamos aún más esa independencia emocional, porque cualquier tipo de relación se vuelve imposible. Se observa con mayor frecuencia en las personas que, a una determinada edad, solo tienen dos o tres personas con las que comparten su vida, porque con el resto ya no saben relacionarse. Debido a las experiencias pasadas, dejan de creer en las personas y se agarran a lo que sufrieron y experimentaron para demostrar que lo mejor es ser emocionalmente independiente. El problema es que este tipo de individuos, al creer que se trata de un problema personal, busca la explicación de un malestar instalado en lo sucedido en la infancia o en la alineación de las estrellas; en realidad, están aislados y no tienen sensación de pertenencia. Es más, si tenemos en cuenta todos estos valores que imperan en la actualidad, era cuestión de tiempo que apareciera el concepto de independencia emocional. *A priori* podría sonar halagüeño, pero el trasfondo, en lugar de sanar o proporcionarnos la oportunidad de crear sinergias emocionales, nos está desconectando todavía más. Porque lo que te dicen o se supone que es una fortaleza, a veces es solo una manera encubierta de decir: «No te apoyo», «no quiero cargar con eso», «no puedo sostener tu vulnerabilidad».

Llegados a este punto, podríamos afirmar que **la dependencia emocional es algo biológico.** Sí, has leído bien. La dependencia emocional no es una patología, es una función biológica. Una célula sin otra no habría creado vida. Un bebé no puede sobrevivir sin un cuerpo que lo abrace. Un ser humano no florece sin un entorno seguro. Entonces..., si solo me siento seguro contigo, es lógico que me sienta vulnerable cuando no estás. No porque no pueda estar solo, sino porque estarlo en un entorno hostil no es saludable y sí peligroso.

Nos dicen: «Tienes que encontrar el equilibrio emocional», como si existiera una fórmula exacta capaz de medir la intensidad del dolor o la cantidad justa de apego, como si la emoción pudiera resolverse con una calculadora o una balanza interna que nos indicara cuánto sentir para no sufrir demasiado. **Pero la emoción no es una ecuación, es un territorio vivo, cambiante, lleno de contradicciones.**

A veces nos piden ese equilibrio como si fuera una meta de madurez, cuando en realidad lo que se nos exige es estar bien sin derecho a estar mal, sonreír sin motivo, funcionar sin pausa, ocultar la fragilidad para no incomodar. Y eso no es equilibrio, es una desconexión emocional disfrazada de serenidad, una forma sutil de negarnos la humanidad bajo la idea de que sentir «demasiado» es una falla.

Crear un espacio seguro es lo que de verdad necesitamos. No para anular lo que sentimos, sino para poder sostenerlo juntos. La solución nunca fue desconectarnos, sino justo lo contrario: crear lugares en los que poder decir: «Hoy no puedo», y que la respuesta no sea juicio, sino presencia. Espacios en los que se pueda llorar sin miedo a parecer débil, en los que acompañar el dolor del otro sin intentar arreglarlo sea suficiente, en los que la ternura no sea vista como dependencia. Si el mundo no te ofrece ese espacio, puedes empezar contigo, pero no desde el encierro, sino desde una compasión activa, esa que comprende y también actúa, que te permite descansar, escuchar, sostener y construir comunidad desde lo cotidiano. Porque los espacios seguros no se heredan, se crean, y crearlos es, en estos tiempos de prisa y distancia, un acto profundamente revolucionario.

Entonces ¿qué es en realidad la independencia emocional? No es no necesitar a nadie, ni pretender que no te duela cuando alguien se va, ni ser fuerte todo el tiempo. Se trata de reconocer que necesitamos un refugio emocional, y que eso no nos hace menos sino más humanos. Es entender que el bienestar no se construye en soledad y que somos capaces de sostener a otros cuando lo necesitan. **Que un vínculo sano no es dependencia ni autosuficiencia, sino interdependencia consciente: un pacto emocional mediante el cual nadie carga con todo y nadie queda solo.** En una amistad, en una pareja, en un equipo de trabajo, ese equilibrio se parece más a una danza compartida que a una línea recta.

Y si, en una discusión, alguien te lanza un «deberías ser más independiente emocionalmente», quizá puedas detenerte y preguntarte si de verdad intenta ayudarte o tan solo trata de evitar vincularse de forma honesta contigo. Porque a veces la independencia se usa como una excusa para no comprometerse afectivamente, para no mirar el miedo propio. Si necesitas que te entiendan, no estás roto, estás vivo. Y si tú también puedes empezar a entender al otro, ya no se trata de independencia, sino de relación. De conexión real. De cuidar y dejarnos cuidar. De construir, poco a poco y juntos, ese espacio seguro que tanto necesitamos para poder seguir sintiendo sin escondernos.

Epílogo
¿Y ahora qué?

Al final de este exhaustivo recorrido que hemos transitado juntos, estoy seguro de que has llegado a la misma conclusión que yo: lo que tienen en común los conflictos que vivimos, ya sea una discusión íntima, una tensión profesional o una diferencia social, es la identidad o, más bien, la ilusión del valor jerárquico que intentamos construir sobre ella. Porque, como no recibimos un valor por nuestra vulnerabilidad, como no somos reconocidos por nuestra fragilidad ni por lo que somos, seres humanos vulnerables, buscamos otra forma de valía en un mundo que premia la competencia, la productividad y la imagen de fortaleza. Un mundo sin espacio para los errores ni la debilidad, por lo que ocultamos, disimulamos, proyectamos y adoptamos máscaras que nos protegen del juicio, pero nos alejan del reconocimiento genuino que necesitamos otorgarnos entre todos.

Todas las máscaras y la falta de objetividad desprejuiciada hacen que respondamos mal, levantemos el tono, ataquemos y nos sintamos atacados, proyectemos expectativas y un sinfín de reacciones más.

El ser humano necesita esa mirada del otro, esa confirmación de que existe y de que importa. Lo vemos claro en los niños: cuando no hay una mirada que los sostenga, cuando no hay un reconocimiento que les devuelva su lugar en el grupo, buscan al menos provocar una reacción, aunque sea a través de un acto violento. Entonces nos damos cuenta de que a lo más primitivo del ser humano le vale más una interacción negativa que ninguna, porque el silencio absoluto —la indiferencia— es más doloroso. Así, con los años, seguimos arrastrando ese impulso y nos refugiamos en un individualismo que pretende curar la herida del no reconocimiento. Empezamos a fabricar identidades jerárquicas: «Yo valgo más porque sé más, porque sufro más, porque tengo más». Utilizamos el conocimiento, el éxito e incluso el dolor como argumentos que nos aseguren un lugar. Pero, en el fondo, seguimos buscando ese valor intrínseco, esa importancia de ser útil en el entorno y para los demás.

Es curiosa la ola de discursos que nos dicen: «No busques validación», porque en este acto o convicción deberíamos encontrar un valor. Es decir, si conseguimos no buscar la validación, paradójicamente encontraremos la validación.

Lo observamos en cada ámbito que hemos tratado en el libro —amor, familia, amigos, trabajo— en el que no nos sentimos valorados, en el que sufrimos. Como sociedad, necesitamos reaprender a sostener la vulnerabilidad como el punto más humano que compartimos, no como una debilidad. Solo así podremos crear espacios en los que nadie quede excluido, en los que no sea necesario defenderse ni demostrar superioridad para ser mirado. Tenemos que hacer limpieza, casi una desinfección simbólica de los valores jerárquicos que heredamos, porque nuestra manera de interpretar el mundo está construida sobre siglos de conflicto, sobre códigos culturales, morales y éticos que nacieron para sobrevivir a la violencia y que, sin embargo, seguimos repitiendo, aunque ya no nos sirvan. Cuando dejamos caer esa jerarquía, empezamos a ver al otro no como un enemigo, sino como una víctima más del contexto, como alguien que también está atrapado en los viejos códigos. Detrás de cada gesto agresivo o egocéntrico hay alguien que aprendió a comportarse así para no ser ignorado; si entendemos esto, podemos empezar a ofrecer espacios en los que la vulnerabilidad no sea castigada sino acompañada. Donde no haga falta ser «tóxico», ni «narcisista», ni «fuerte», porque comprendemos que todas esas conductas son estrategias torpes para ser vistos. Somos, al fin y al cabo, niños grandes que en algún momento no fueron observados y aprendieron a gritar para existir. Por eso, el gesto más revolucionario hoy día quizá sea tender la mano, crear esos espacios en los que el valor común no dependa del mérito, sino de la capacidad de reconocernos vulnerables. Si logramos ver la fragilidad del otro sin huir, si aprendemos a sostenerla sin necesidad de controlarla, estaremos dando un paso fuera del bucle histórico de conflictos que repetimos sin darnos cuenta.

La historia de cómo nos hemos desarrollado colectivamente, creando normas y códigos, ha tenido como consecuencia una cultura del conflicto (con el prójimo y con nosotros mismos) que nos ata y condiciona. Todo esto sugestiona a los seres humanos hasta dejarnos atrapados en estructuras que solo defienden los valores jerárquicos individuales, no la fragilidad compartida. Por tanto, no sabemos cómo tener en cuenta al otro sin dejar de tenernos en cuenta a nosotros, y algunas discusiones o situaciones terminan siendo traumáticas y perpetúan la historia conflictiva que nos habita.

Para discutir mejor debemos asumir que somos torpes en ese equilibrio, que no sabemos cómo cuidar al otro sin descuidarnos, que seguimos siendo niños que necesitan sentirse valorados por el grupo, solo que ahora contamos con más recursos cognitivos y lingüísticos para esconder la necesidad fundamental de cualquier ser vivo, que es pertenecer. En consecuencia, para discutir mejor, hay que mirar de frente y reconocer que detrás de lo que parece atacarnos con maldad casi siempre hay alguien que está protegiendo a su niño vulnerable, ese que solo pide ser visto.

> Hay algo fundamental y que suele costarnos mucho admitir: es igual de importante tener compasión con nosotros, con nuestra historia, con nuestro presente y con todos los juicios que emitimos hacia nuestra persona.

Solo me queda invitaros a releer lo vivido en estas páginas no como un cierre, sino como una pausa. Porque lo que sigue ahora no son los conceptos, sino las palabras que encarnamos en cada discusión, esas frases heredadas que salen sin pensar y que todavía necesitan ser sanadas. Gracias, de corazón, por haberme acompañado en este recorrido. Que ninguna vulnerabilidad quede fuera, que nadie, ni tú ni otros, se quede atrás.

Agradecimientos

Quiero mostrar mi agradecimiento a todas las personas que, de una forma u otra, han hecho posible este libro y el recorrido vital que lo sostiene.

Gracias a mi hija por abrirme caminos de reflexión que me ayudaron a pensar en cómo se construye la identidad y cómo suceden los primeros conflictos en la vida de un ser humano.

Gracias a todos los adolescentes con los que he trabajado, porque a través de las tareas técnicas compartidas con vosotros he aprendido a ver el mundo desde la práctica, a descubrir las herramientas que mejoran las relaciones humanas y, en consecuencia, el bienestar propio.

Gracias a mi pareja, por acompañarme siempre, con paciencia, apoyo y mucho amor.

A mis padres, por haberme transmitido desde la infancia la compasión, la calma y el deseo sincero de que estemos todos bien. Su ejemplo me enseñó el valor del cuidado, del humor y del bienestar colectivo.

Gracias también a Pablo, compañero de esa etapa entre la adolescencia tardía y la adultez temprana.

Gracias a todos mis amigos de la infancia y la adolescencia, por crear lo que creamos juntos, y a mis amigos de Miguelturra, que son un ejemplo de bienestar colectivo.

Quiero hacer una mención especial a Ana, mi editora, por su mirada atenta, su paciencia durante el proceso de escritura del libro y su confianza en este proyecto.

Gracias también a Asis, Carol y Esteven, por crear un espacio de trabajo y diálogo que ha sido fundamental.

Finalmente, gracias a todas las personas que han pasado por mi vida, aunque sea por un momento. Cada una de ellas ha dejado una huella y ha contribuido a que hoy pueda pensar, sentir y escribir como lo hago. Este libro y quien soy existimos gracias a todas ellas y al contexto compartido que hemos construido juntos.